非洲如何影響世界

商業巨頭爭相搶進的25億人口商機
——非洲最前線投資與事業報告

椿進 著

林佩玟 譯

終於輪到了人類的發源地，非洲！這是來自非洲最前線的事業及投資報告。雖然還有堆積如山的社會問題待解決，不過非洲終於站上了經濟高度成長期的入口處。事實上我們已經知道答案，因為50年前的日本、25年前的中國、10年前的印度都曾走過一樣的地方。利用本書更新腦海中30年前的非洲印象，現在的非洲會讓你刮目相看！

大前研一

東非（14國）

烏干達共和國
首都：康培拉
人口：4,427 萬人

衣索比亞聯邦共和國
首都：阿迪斯阿貝巴
人口：1 億 1,208 萬人

厄利垂亞國
首都：阿斯瑪拉
人口：350 萬人

肯亞共和國
首都：奈洛比
人口：5,257 萬人

葛摩聯盟
首都：莫洛尼
人口：85 萬人

馬達加斯加共和國
首都：安塔那那利弗
人口：2,697 萬人

南蘇丹共和國
首都：朱巴
人口：1,106 萬人

索馬利亞聯邦共和國
首都：摩加迪休
人口：1,544 萬人

坦尚尼亞聯合共和國
首都：杜篤馬
人口：5,801 萬人

吉布地共和國
首都：吉布地
人口：97 萬人

模里西斯共和國
首都：路易士港
人口：127 萬人

盧安達共和國
首都：吉佳利
人口：1,263 萬人

蘇丹共和國
首都：喀土穆
人口：4,281 萬人

塞席爾共和國
首都：維多利亞
人口：10 萬人

中非（9國）

加彭共和國
首都：自由市
人口：217 萬人

喀麥隆共和國
首都：雅溫德
人口：2,588 萬人

剛果共和國
首都：布拉薩
人口：538 萬人

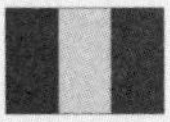

查德共和國
首都：恩加美納
人口：1,595 萬人

中非共和國
首都：班基
人口：475 萬人

蒲隆地共和國
首都：吉特加
人口：1,153 萬人

剛果民主共和國
首都：金夏沙
人口：8,679 萬人

聖多美普林斯比民主共和國
首都：聖多美
人口：22 萬人

赤道幾內亞共和國
首都：馬拉博
人口：136 萬人

南非（10國）

波札那共和國
首都：嘉伯隆里
人口：230 萬人

安哥拉共和國
首都：魯安達
人口：3,183 萬人

尚比亞共和國
首都：路沙卡
人口：1,786 萬人

辛巴威共和國
首都：哈拉雷
人口：1,465 萬人

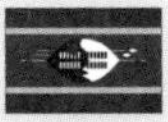

史瓦帝尼王國
首都：姆巴巴內市
人口：115 萬人

納米比亞共和國
首都：溫荷克
人口：249 萬人

賴索托王國
首都：馬賽魯
人口：213 萬人

馬拉威共和國
首都：里朗威
人口：1,863 萬人

南非共和國
首都：普利托利亞
人口：5,856 萬人

莫三比克共和國
首都：馬布多
人口：3,037 萬人

非洲地圖（54國）

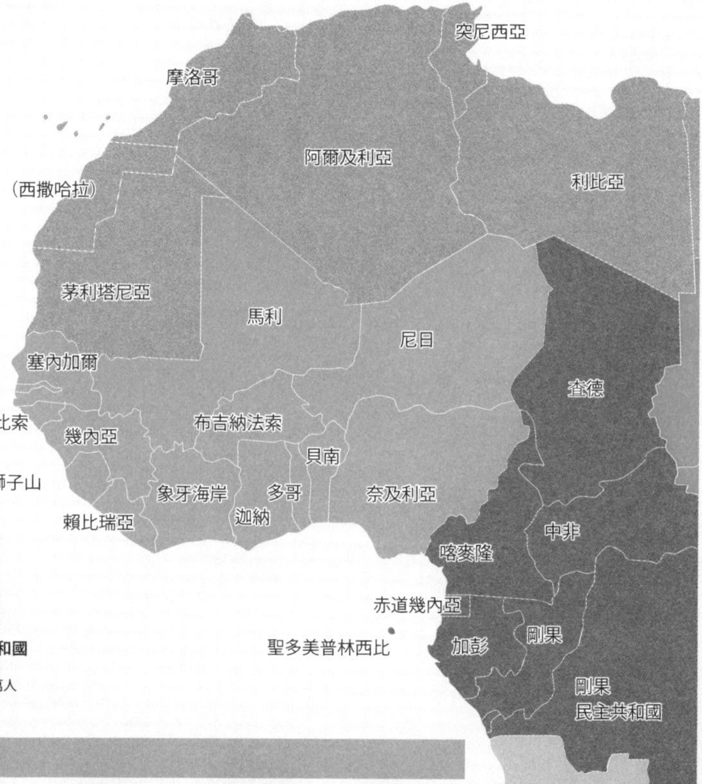

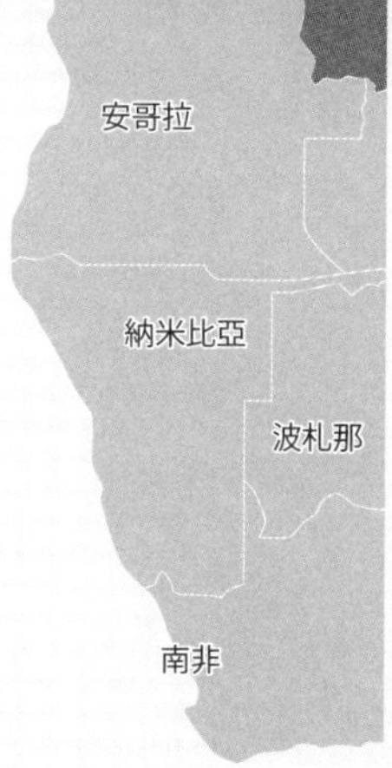

北非（6國）

阿爾及利亞
民主人民共和國
首都：阿爾及爾
人口：4,305 萬人

埃及阿拉伯共和國
首都：開羅
人口：1 億 39 萬人

摩洛哥王國
首都：拉巴特
人口：3,647 萬人

茅利塔尼亞
伊斯蘭共和國
首都：諾克少
人口：453 萬人

利比亞
首都：的黎玻里
人口：678 萬人

突尼西亞共和國
首都：突尼斯
人口：1,169 萬人

西非（15國）

迦納共和國
首都：阿克拉
人口：3,042 萬人

維德角共和國
首都：普萊亞
人口：55 萬人

甘比亞共和國
首都：班竹市
人口：235 萬人

幾內亞共和國
首都：柯那克里
人口：1,277 萬人

幾內亞比索
共和國
首都：比索
人口：192 萬人

獅子山共和國
首都：自由城
人口：781 萬人

塞內加爾共和國
首都：達卡
人口：1,630 萬人

多哥共和國
首都：洛梅
人口：808 萬人

尼日共和國
首都：尼阿美
人口：2,331 萬人

布吉納法索
首都：瓦加杜古
人口：2,032 萬人

貝南共和國
首都：新港
人口：1,180 萬人

馬利共和國
首都：巴馬科
人口：1,966 萬人

奈及利亞
聯邦共和國
首都：阿布加
人口：2 億 96 萬人

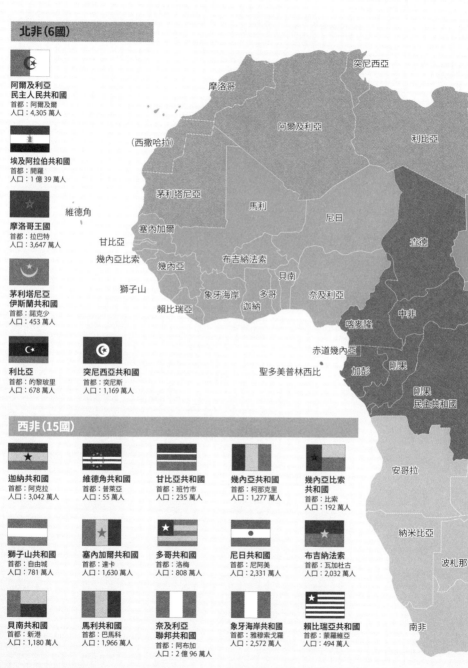

象牙海岸共和國
首都：雅穆索戈羅
人口：2,572 萬人

賴比瑞亞共和國
首都：蒙羅維亞
人口：494 萬人

備註：人口為 2019 年推估值。
出處：AAIC 根據聯合國、日本外交部的資料製作。

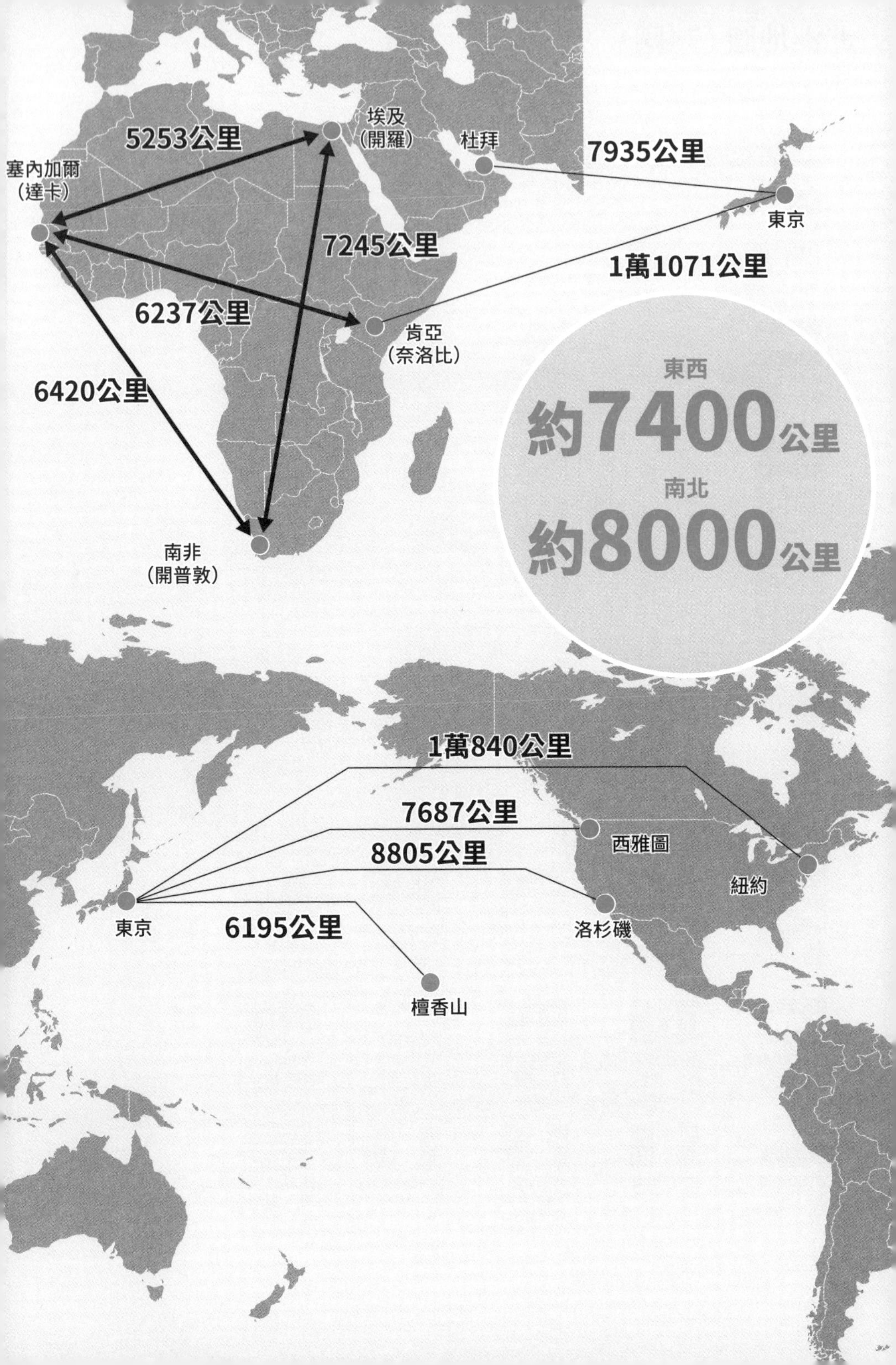

埃及
（開羅）
5253公里
杜拜
7935公里
塞內加爾
（達卡）
東京
7245公里
1萬1071公里
6237公里
肯亞
（奈洛比）
6420公里
東西
約7400公里
南北
約8000公里
南非
（開普敦）
1萬840公里
7687公里
西雅圖
8805公里
紐約
東京
6195公里
洛杉磯
檀香山

非洲的面積與距離

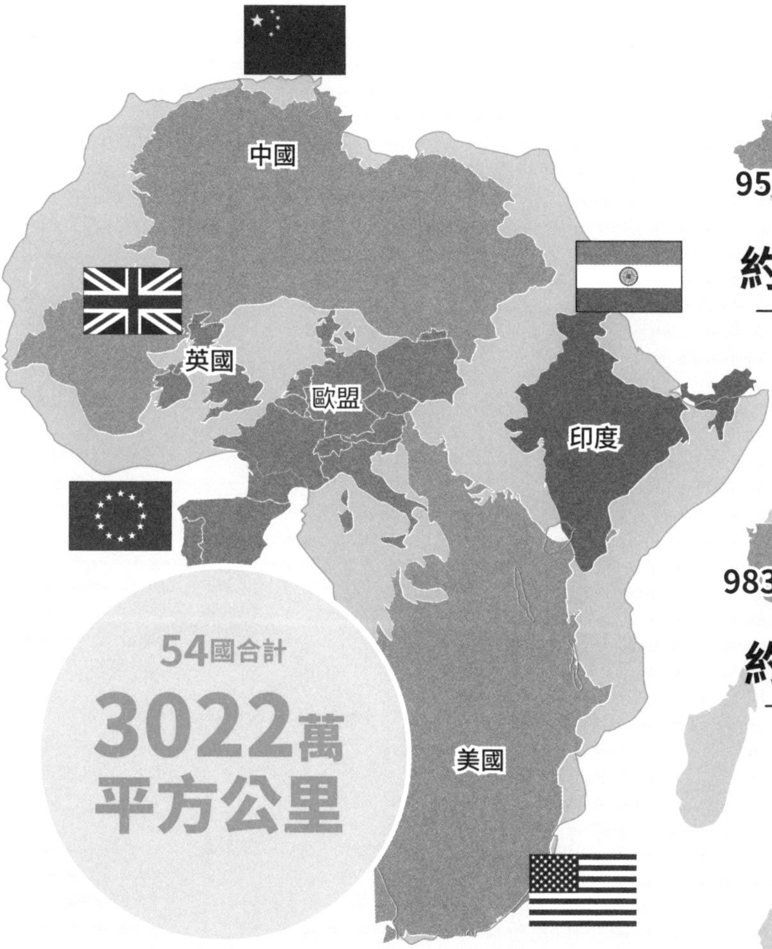

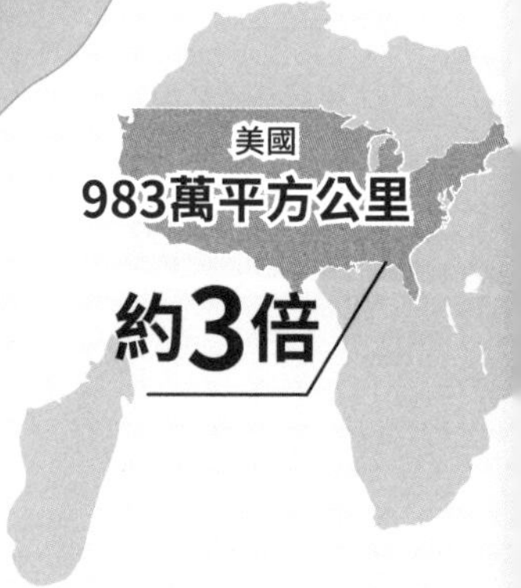

	面積 1000平方公里
非洲（54國）	30,220
日本	378
美國	9,834
中國	9,597
印度	3,287
歐盟	4,274

前10名國家	面積 1000平方公里
阿爾及利亞	2,382
剛果民主共和國	2,345
蘇丹	1,861
利比亞	1,760
查德	1,284
尼日	1,267
安哥拉	1,247
馬利	1,240
南非	1,219
衣索比亞	1,104

出處：AAIC 根據 IMF、Kai Krause、外務省的資料製作。

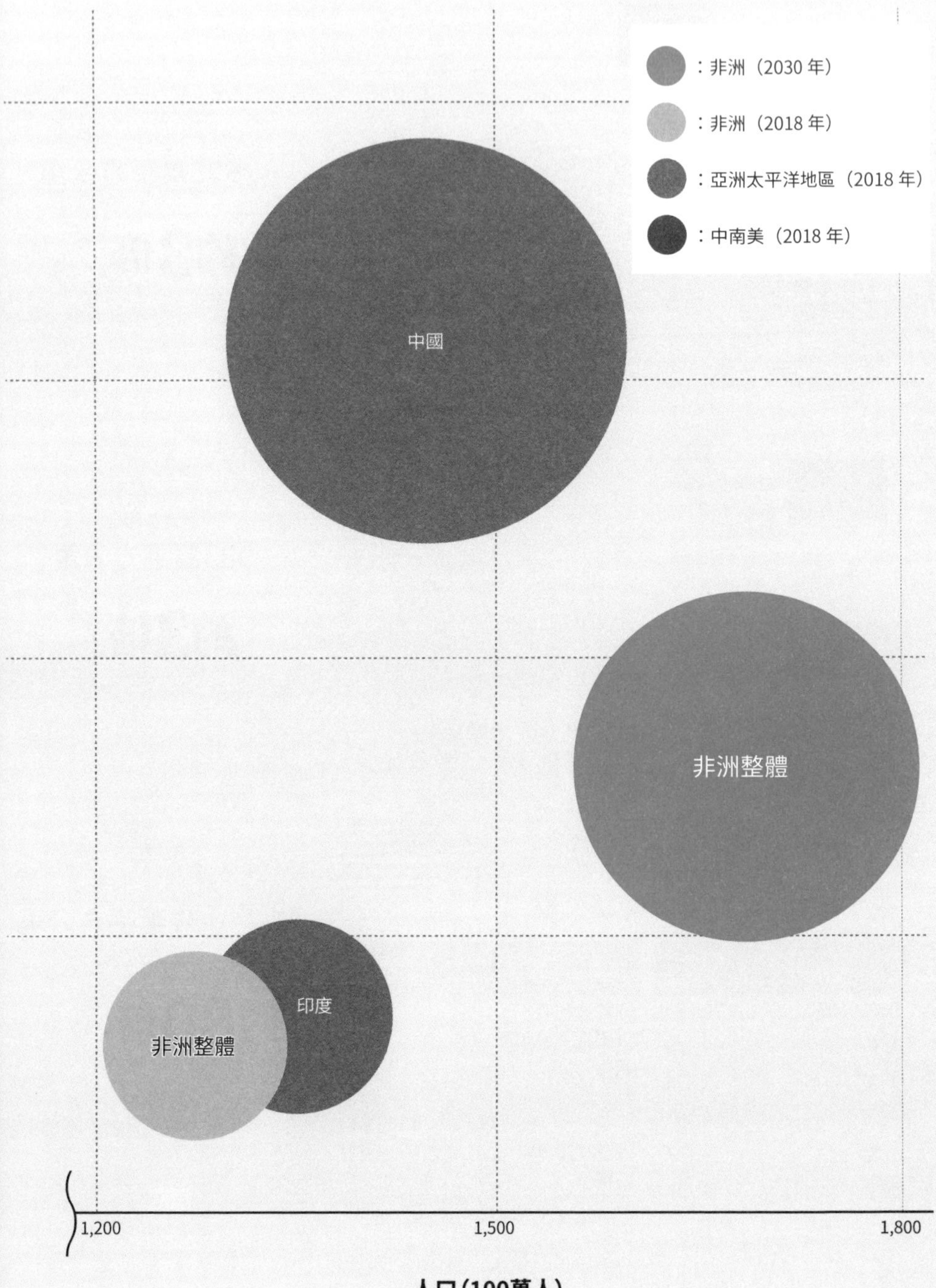
：非洲（2030 年）
：非洲（2018 年）
：亞洲太平洋地區（2018 年）
：中南美（2018 年）
中國
非洲整體
印度
非洲整體
1,200
1,500
1,800
人口（100萬人）

非洲人均GDP與人口

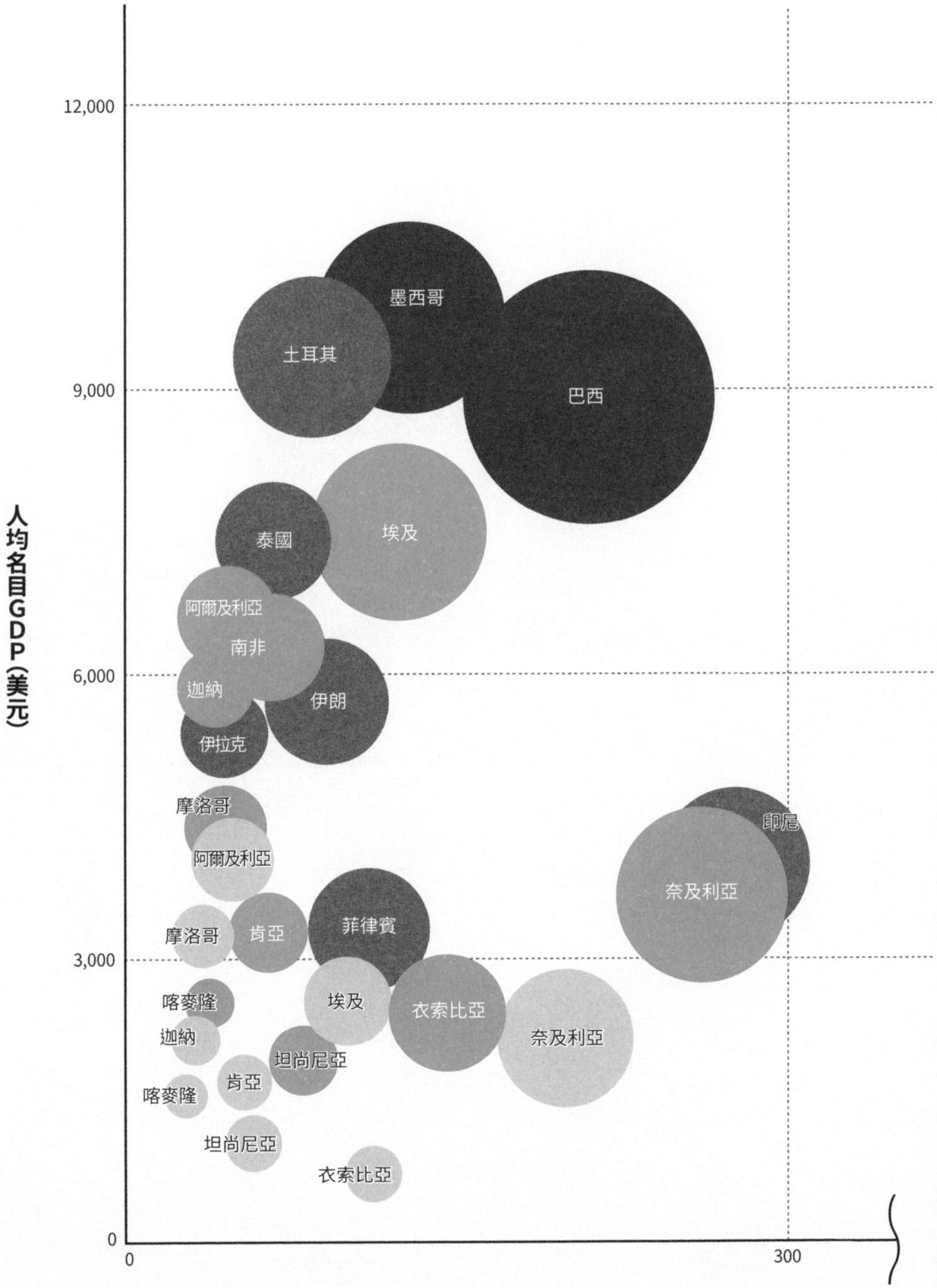

備註：圓圈大小為 2018 年的名目 GDP
出處：AAIC 根據世界銀行的資料及 BMI Research、Oxford Economics、聯合國的預測製作。

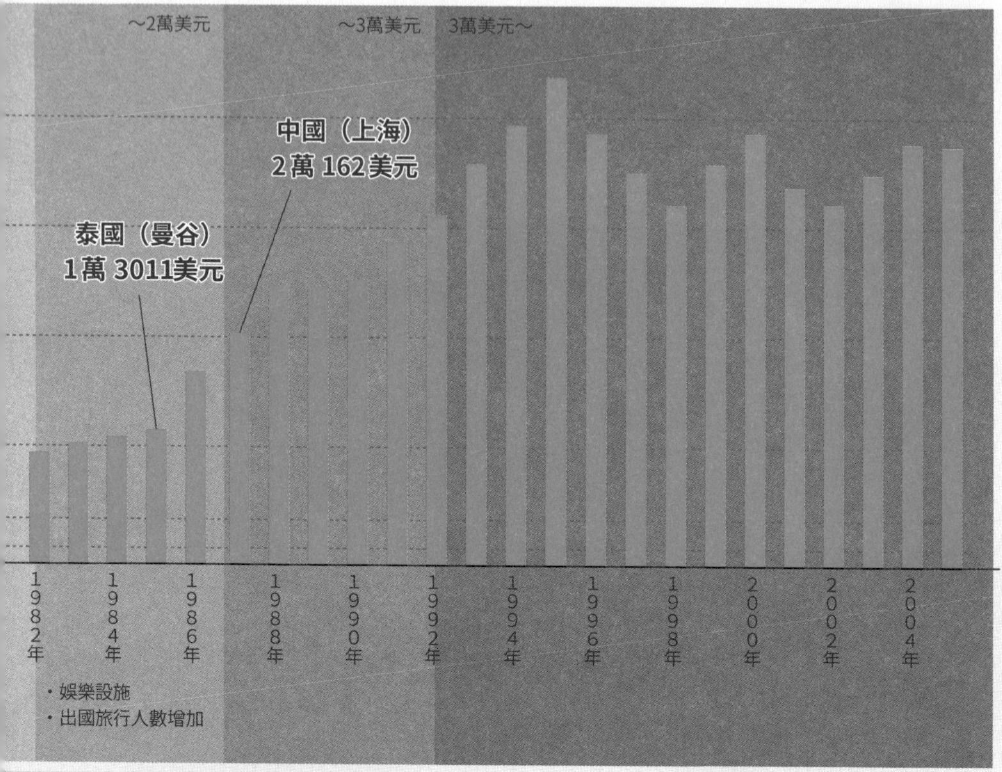

中央道全線通車，東北／上越新幹線通車

東京迪士尼樂園開幕

泡沫經濟

關越道全線通車

赤坂方舟之丘開幕

出國旅遊人次達到500萬

安田火災收購名畫〈向日葵〉

唐吉訶德首店開張

三菱地所收購「洛克斐勒中心」

出國旅遊人次達到1000萬

收購圓石灘

低成長期

出國旅遊人次達到1500萬

東京國際機場（羽田機場）再國際化

六本木之丘開幕

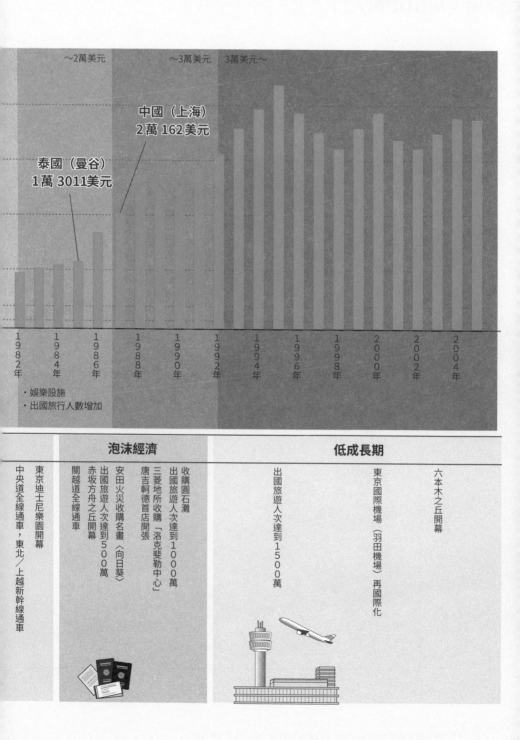

時代換算地圖（現在的非洲與過去的日本比較）

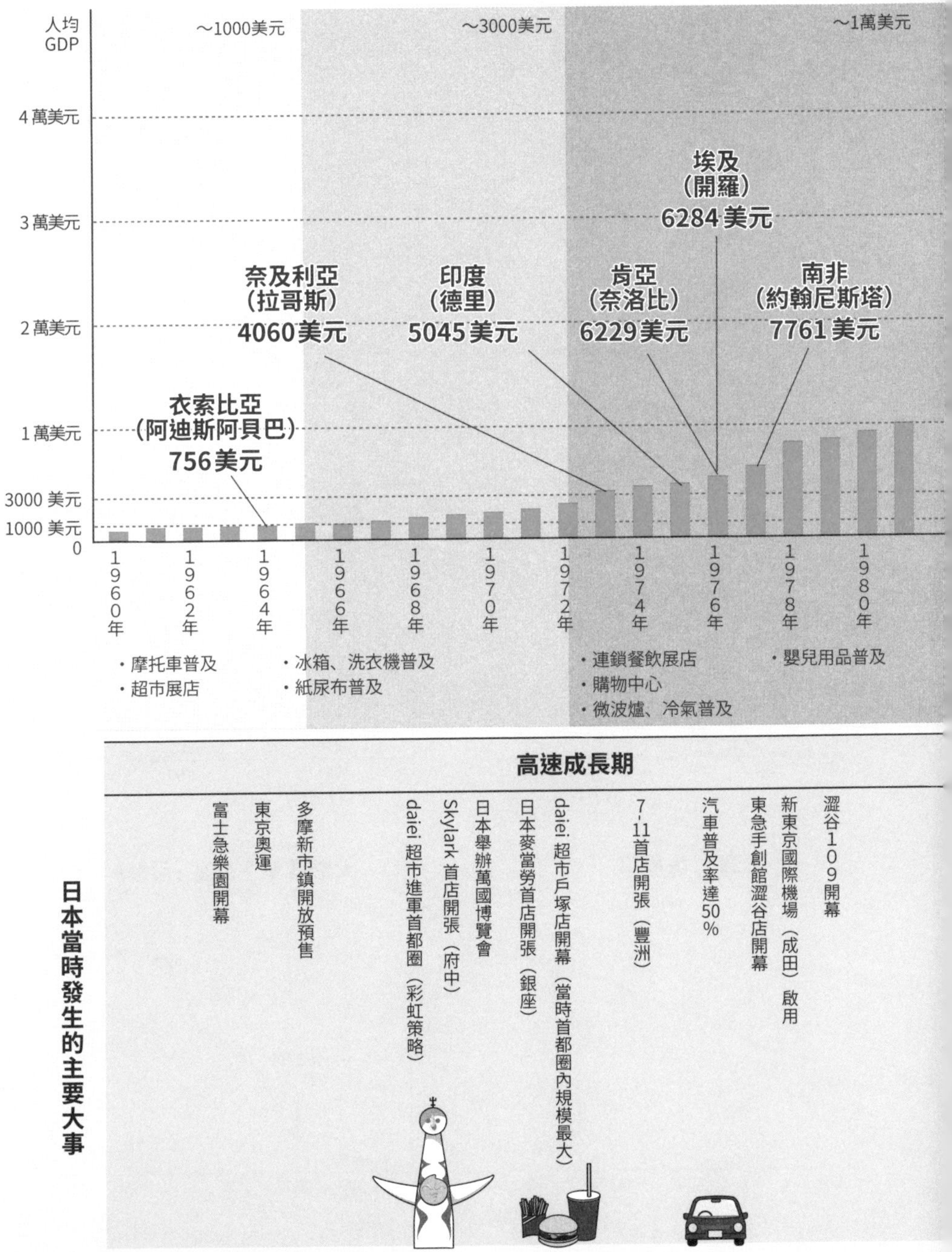

備註：長條圖為日本人均 GDP 變遷。約翰尼斯堡、開羅、德里、曼谷為 2017 年，其他為 2018 年的數據。

出處：AAIC 根據日本內閣府、IMF 的資料、C-GIDD 及各種報導製作。

孕婦死亡率（每10萬人）

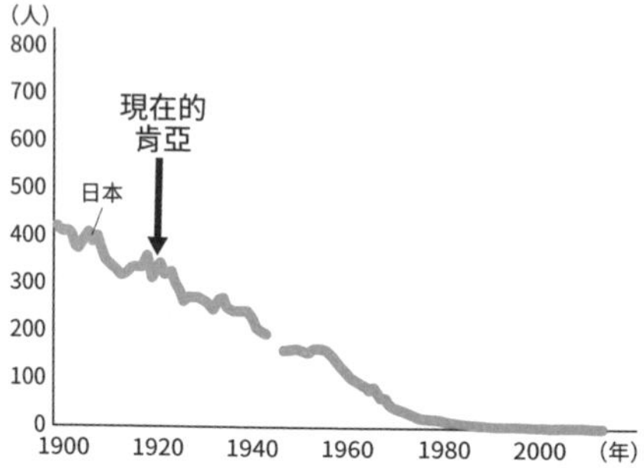

供水系統

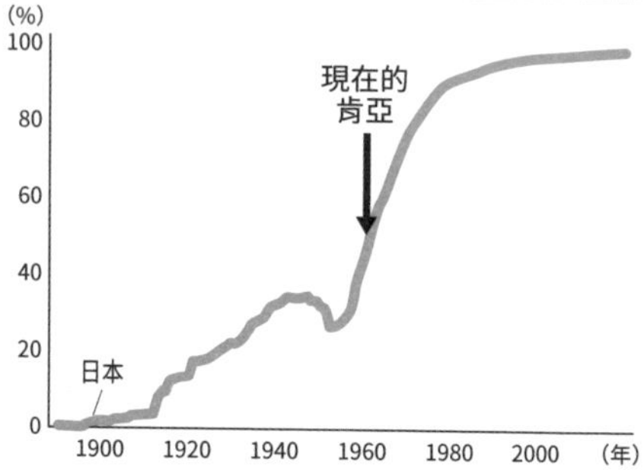

手機普及率

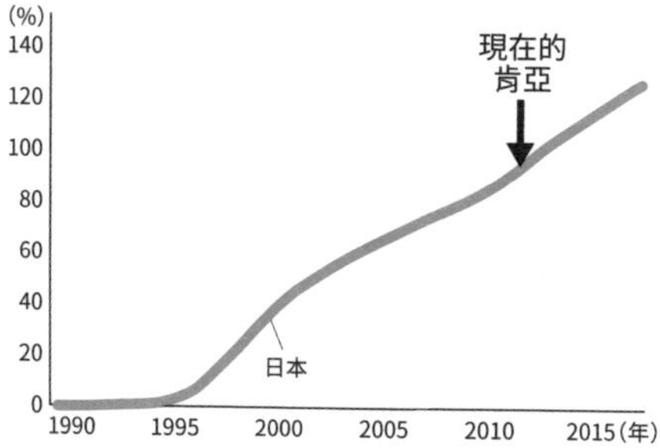

長期利率

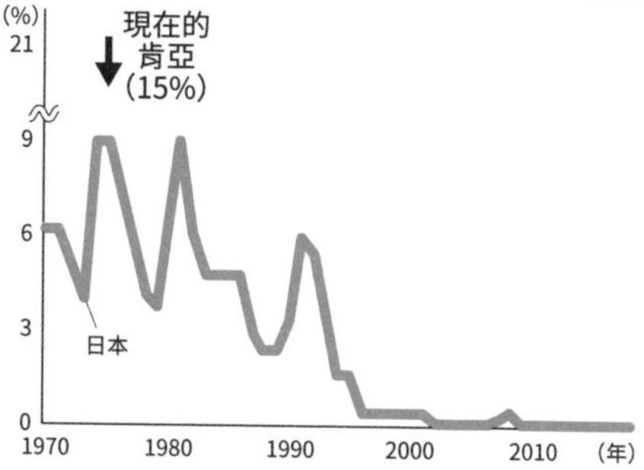

電力普及率

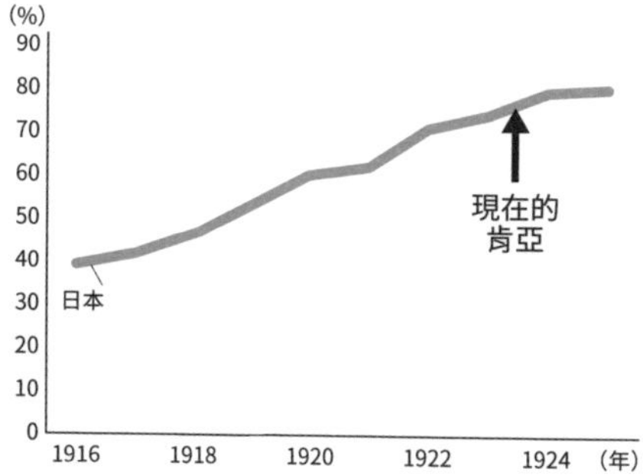

大學畢業生起薪（月薪）

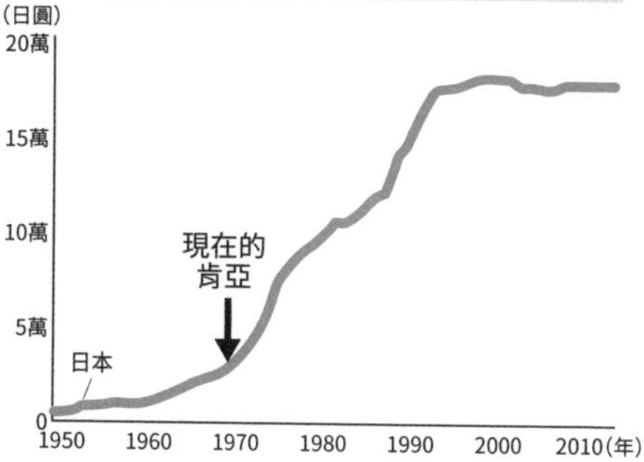

備註：圖表為日本的變遷。現在的肯亞為 2019 年的數據。

出處：AAIC 根據 WHO、日本水道協會、日本衛服部、日本內政部、日本交通部等的資料製作。

肯亞與日本的比較

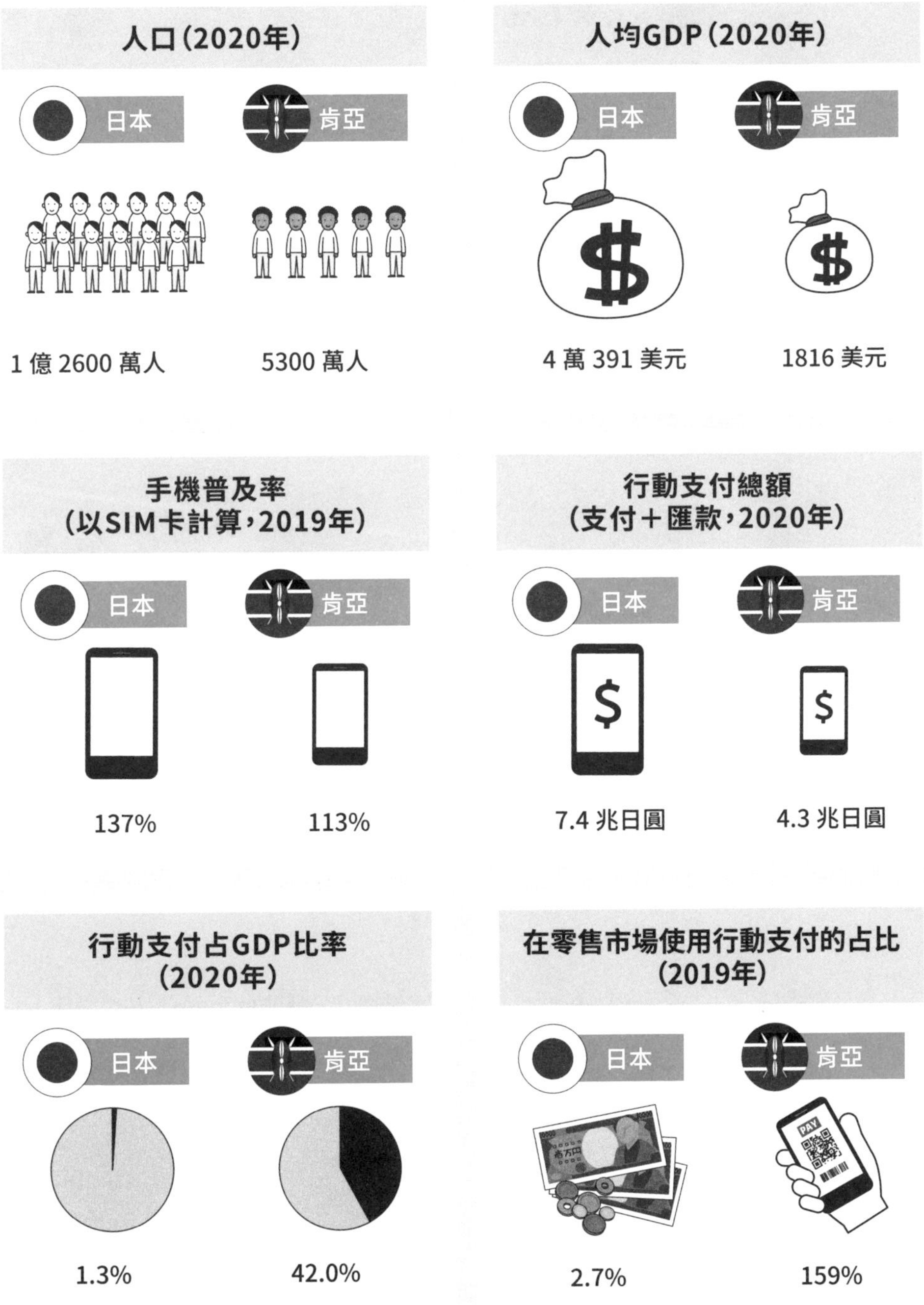

出處:AAIC根據世界銀行、日本經濟部、ICT總研、Safaricom的資料製作。

農業科技

- GREENPATH
- Twiga
- We Farm
- esoko
- ARI.FARM
- NINAYO
- Farmerline
- Farmshine
- hello tractor
- iProcure
- M-Farm
- AGRO INFO

通訊科技

- wasla
- BBOXX
- Jalo
- AST
- BRCK
- TIZETI
- YOUVERIFY
- yazmi
- LEAP VENTURES
- WIFRICA
- poa! internet

綠能／能源

- WASSHA
- upowa
- SUNRAY VENTURES
- M-KOPA SOLAR
- KOKO
- STARSIGHT
- SOLAR KIOSK
- mobisol
- rensource
- Paygee
- angaza
- i-Kobin

網路

- ogaVenue
- Jiji.ng
- Afrikrea
- copia
- travelstart
- TIMBUKTU
- sleepOut
- meqasa.com
- suregroup
- carzar
- travelbeta
- IROKO
- NoMoviez
- goAfrica

企業科技

- AsokoInsight
- Bongo Live!
- BrandsEye
- Optiwave
- wyzetalk
- Africa's Talking
- Ongair
- eduze
- terragon
- cimple

教育科技

- GEBEYA
- Sea Monster
- zedny

人力資源

- THE BOARDROOM AFRICA
- Talent2Africa

非洲的下一個獨角獸企業（2020年）

金融科技

palmpay, TPAY MOBILE, Zeepay, SimplePay, TALA, dopay, Flutterwave, piggyVest, Interswitch, Wizall, LipaLater

醫療科技

MYDAWA, helium, lifebank, RelianceHMO, Vezeeta, access.mobile, jembi, DrugStoc, Kasha, VitalRay, clinicPesa, RecoMed

保險科技

TURNKEY, CLICK2SURE, Kakbima, inclusivity solutions, BIMA, InsureAfrika, hippo.co.za, Pineapple, HEPSTAR

物流／交通

Sendy, eazyloop, ma3route, Kobo, halan, KAMTAR RELAIS, WhereIsMyTransport, SOTE, Deliver Addis, tradedepot, Supermart.ng, pargo, GOZEM

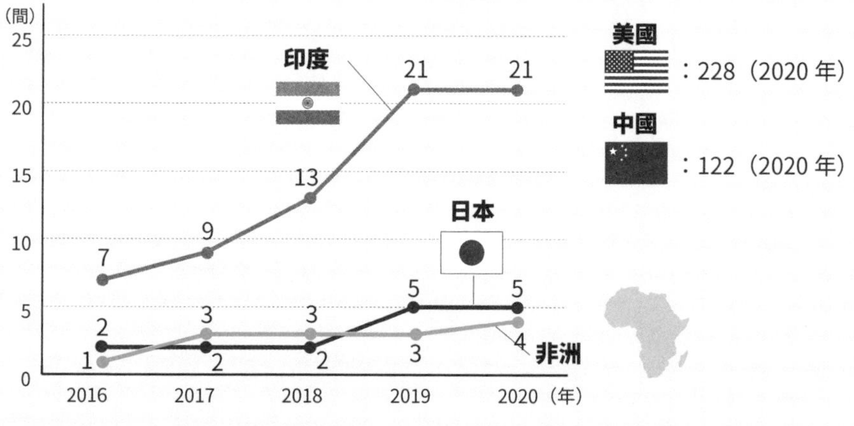

出處：AAIC 根據 CBINSIGHTS、STARTUP DB、AAIC 的調查等製作。

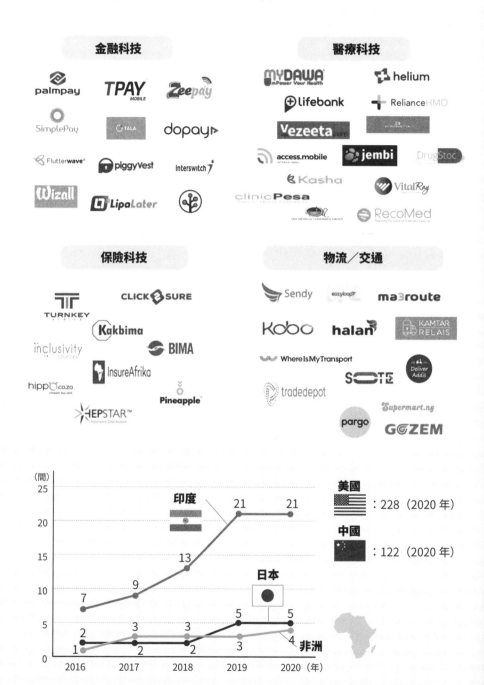

美國

1	可口可樂	6,984
2	寶僑(P&G)	3,814
3	沃爾瑪	3,600
4	百事	3,215
5	輝瑞	1,382
6	葛蘭素史克（GSK）	1,049
7	Apple	792
8	高露潔－棕欖	642
9	NIKE	623
10	瑪氏食品	595
11	嬌生	537
12	莊臣	427
13	金百利克拉克	427
	家樂氏、惠而浦、科蒂、亞馬遜	

其他亞洲國家

1	三星電子	韓國	～10,000
2	Woolworths	澳洲	3,690
3	奧蘭國際	新加坡	3,327
4	巴帝電信	印度	3,236
5	LG	韓國	1,765
6	塔塔汽車	印度	569
7	鴻海精密	台灣	243
8	現代汽車	韓國	52
	Indofood	印尼	

外資企業原國家		日本	美國	中國	韓國	德國	英國	法國	印度
進軍非洲企業數	企業數	493	**2,000** (2)	**2,504** (1)	461	625	887	**1,100** (3)	795
	據點數	795	**4,365** (2)	**4,000～6,000** (1)	900～1,000	3,030	3,491	**3,974** (3)	2,000～3,000
各國在當地人數（人）		7,544	11 萬～	**80～100 萬** (1)	18,400	13.2 萬	**16.8 萬** (3)	**24.8 萬** (2)	－

出處：AAIC 根據各國外交部、大使館、商工會、Eurostat、聯合國、JETRO 等的資料製作。

各國企業在非洲的推測營業規模（2019年）

日本

排名	企業	營業額
1	豐田通商（CFAO）	8,090
2	NTT（岱凱）	8,050
3	三菱商事	3,278
4	日揮	616
5	三得利	378
6	關西塗料	339
7	NEC	227
8	豐田汽車	221
9	索尼	186
10	日產汽車	157
11	國際牌	142
12	味之素	123
13	佳能	54
	山葉發動機、鐘淵化學、JT（併購非洲最大企業）	

中國

排名	企業	營業額
1	傳音	2,828
2	海信	1,380
3	華為	750
4	美的	544
5	海爾	470
6	聯想	355
	Oppo、Vivo、中國電信、海康威視	

英國

排名	企業	營業額
1	聯合利華	4,444
2	帝亞吉歐	1,748
3	利潔時	737
4	雅芳	560
5	帕祖加信氏	301
6	沃達豐	247
	渣打集團、資誠（PwC）、巴克萊銀行	

德國

排名	企業	營業額
1	梅賽德斯－賓士	1,173
2	漢高	901
3	愛迪達	810
4	福斯汽車	761
5	奧迪	379
6	Hugo Boss	303
7	拜耳	190
8	博西家用電器	158
	巴斯夫、默克、SAP	

法國

排名	企業	營業額
1	道達爾	22,392
2	家樂福	3,013
3	達能	1,917
4	卡思黛樂	1,491
5	萊雅	810
6	賽諾菲	578
7	酩悅・軒尼詩－路易・威登（LVMH）	265
	Orange 電信、施耐德、寶獅汽車	

備註：推估值為單獨切割出非洲地區的營業額（2019 年，單位為 100 萬美元，含部分中東）。
部分資料在可查詢的範圍內參考個人消費產品的累計零售金額，可能與實際的企業營業額有所出入。
出處：排名由 AAIC 根據各公司 IR、Euromonitor、Factiva、EMIS、採訪資料製作。

6 埃及

New Administrative Capital

.......7萬公頃、450億 ～580億美元

ElAlameinCity

.......202公頃、13億美元

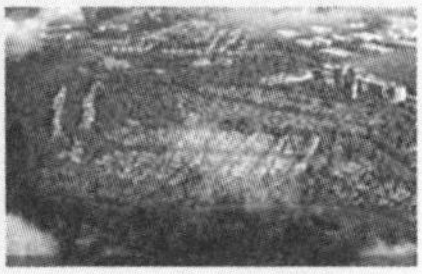

7 肯亞

Tatu City......................2000公頃、18億美元

Konza Techno City........2000公頃、3.68億美元

Tilsi ....160公頃、4000萬美元

8 盧安達

Kigali Innovation City ... 70公頃、20億美元

9 坦尚尼亞

USA River........... 160公頃、10億美元

Salama Creek..... 80公頃、10億美元

Safari City.......... 237公頃、10億美元

10 尚比亞

Nkwashi .... 1254公頃、15億美元

非洲的大型計劃（2020年當下）

2 摩洛哥

Agadir Urban Development Program...6320億美元

1 塞內加爾

DiamniadioLakeCity.....2000公頃、20億美元

3 貝南

Seme City

.......200公頃、140億歐元

4 奈及利亞

Eko Atlantic .... 1000公頃、4000億美元

Centenary City... 1262公頃、180億美元

Lekki .... 1萬6500公頃、13.5億美元

5 南非

Ntshongweni .... 2000公頃、18億美元

Cornubia......................... 1200公頃、15億美元

出處：AAIC 根據各計劃報告、官方網站及 AAIC 的調查等資料製作。

前言

新幹線在路上奔馳，巨大的購物中心拔地而起

說到非洲，大家會先想到什麼？大概是電視新聞中不時會播放的貧民窟、饑荒或是內戰吧。當然，這些都是非洲的一部分，但卻有許多人不知道這只是一小部分而已。

各位知道在東非的肯亞，有條「奈洛比新幹線／Nairobi SGR（Standard Gauge Railway）」正在路上奔馳嗎？他們已經鋪設了和東京到京都的距離一樣長的高速鐵路；而在衣索匹亞的吉布地到阿迪斯阿貝巴之間，也開通了相同的高速鐵路，還在海拔兩千公尺處開拓了高速公路。

肯亞首都奈洛比的凱倫地區有一間巨大的購物中心「The Hub Karen」，占地面積近2萬5000坪、樓面面積超過萬坪的商場中共進駐了百來間商店，規模及品質都不輸給日本的永旺購物中心，其中也有法國高級超市「家樂福」的首家東非門市，以及美

國「漢堡王」首家門市等速食餐廳入駐，週末總是有許多非洲人前來消費，人聲鼎沸。

市中心林立著現代建築，初次造訪的人（或看到照片的人）無不驚訝於「這是非洲嗎！」非洲現在的發展正勢不可當。

我的印象則是「這跟十年前的印度幾乎一模一樣」。我記得那時候的印度約只有3家獨角獸企業（時價估值總額超過10億美元的新創企業），非洲現在也大約也是3家。而如今的印度，已經擁有超過20家獨角獸企業。

在非洲經營數百億規模生意的日本企業

非洲整體的經濟規模（實質GDP）已經有2兆4000億美元（二〇一七年），日本的經濟規模為4兆2500億美元，因此約是日本的四成。而非洲和日本最大的不同之處，就在於他們很年輕，有許多國家的年齡中位數是20多歲，甚至也有國家是10多歲。

有一些日本企業將其急速的經濟成長視為機會，並已獲得了龐大的收益，例如女性假髮原料市占率第一、建立起數百億日圓規模生意的日本化學製造商「鐘淵化學」。

非洲有獨特的髮型文化，他們不只是使用自己的頭髮，還會利用接髮及全頂式假髮來創造適合自己的造型，於是在人造頭髮領域中，就出現了「鐘淵佳龍」（KANECARON®）這款日本製造商獨特的技術。

另外，還有在非洲直接透過網路販售日本二手汽車的企業，「BE FORWARD」。在非洲，日本的二手汽車非常受歡迎，甚至有些國家路上的汽車八成都是日本車。BE FORWARD讓非洲人開始在網路上購買二手車，只要在網路上下單付款後，就會以船運從日本出貨。BE FORWARD與當地的代理商合作，等車到港後，便進行確認及維護，然後運送至指定的地點。這筆生意的商機一年高達500億日圓，有多少人知道當地發展出了這樣的商業規模呢？

大部分的媒體並沒有報導出非洲真正的樣貌。我正是為了讓一般大眾瞭解現在的非洲，為了記錄下我們不能不知道的非洲，才寫下了這本書。

在盧安達經營40座東京巨蛋大小的堅果園

我在大學畢業後，進入波士頓顧問公司（BCG）工作了約十五年，之後擔任過上市企業的社長，二〇〇八年創立了現在這間亞非投資顧問公司（Asia Africa Investment & Consulting，簡稱AAIC）。

我們主要在中國、東南亞、印度、中東及非洲等新興國家，協助企業投入市場、尋找併購標的和合作夥伴，提供新創事業育成等顧問服務，並從事商業投資。

我從八年前開始投資非洲，組成並經營日本第一支加強投資非洲的基金。在那之後，我透過目前運用的基金，累積投資了28家在非洲拓展事業的企業（統計至二〇二〇年12月的數字）。

我與非洲的關係不僅只於此。因緣際會之下，我們在盧安達與其他企業共同經營了約200公頃、大概40座東京巨蛋大小的夏威夷豆農場。該企業名為「盧安達堅果公司」（Rwanda Nut Company Ltd.），在當地從事夏威夷豆種苗培育、收成及加工，並出口到世界各地。

說到盧安達，有很多人的印象是該國曾在一九九四年發生大屠殺。不過現在早已沒有內戰，盧安達在現任總統卡加米的帶領下，以成為「非洲的新加坡」為目標急速發展中。

派駐當地的日籍員工一共有三位，他們都各自攜家帶眷，三個家庭合計有11名成員在盧安達的首都吉佳利生活。社長是日本女性，甫新婚就隻身赴任，不久後她的另一半也一同前往，在盧安達育有兩名孩子；另外兩個家庭也都帶著孩子，全家大小一起在當地生活。吉佳利的狀況會在後面詳述。

我們仍有商機可期

我自己在新冠肺炎（COVID-19）疫情爆發前也是每個月都到非洲去。或留在盧安達，或到隔壁的肯亞及坦尚尼亞，甚至是踏足西非，拜訪非洲最大的國家奈及利亞，也曾到訪埃及和南非。

我想有些人已經知道，非洲在某些領域的先進科技比日本還要發達，這種模式稱為

「跳躍式創新」（Leapfrog Innovation），例如在有線電話還不普及時就突然人手一臺智慧型手機，而且例子不只這一項。

行動支付也是一例。在肯亞，透過名為「M-PESA」的服務，就能將手機儲值的通信費當作交易貨幣。民眾可以將儲值的金額轉帳給他人，也可以在大多數商店中用於支付，甚至還可以用這種方式存款或貸款，完全不需要用到現金。行動支付的年間交易總額為4兆到5兆日圓規模，相當於肯亞將近一半的GDP。

奈及利亞目前也正在進行名為「打造西非杜拜」的龐大計劃。他們在與首都接壤、約東京千代田區大小（大約1000公頃）的淺海填海造陸，預計成立免稅、零關稅的經濟特區，未來也計劃建設住宅區、辦公區、飯店和購物中心等。

目前該計劃已完成第一期填海造陸，地面的建物造景也已經興建好一成左右。填海造陸的建設預算約為2000億日圓，這麼大規模的建設案日本企業卻完全沒有參與，真的非常可惜。

說到非洲，應該有許多讀者已經知道：中國深入掌握了眾多國家的經濟及政治層面。雖然確實如此，不過他們是以能源及基礎建設為中心，因此我們還有許多機會，希望大家也能明白這一點。

只要讀過本書，對非洲的印象一定會徹頭徹尾地改變。非洲現在正以飛快的速度，走在過去日本、中國以及印度走過的道路，他們的社會已經實踐了最先進的科技商業模式，並且即將改寫不久後的未來商業地圖。你將見識真正的非洲。

目錄

第1章 非洲比你想像中更大、更年輕

大小、年齡組成、人口

第2章 非洲變得愈來愈富裕

商業規模

第3章 非洲正處於我們也經歷過的快速成長期

商業機會

第4章 非洲的先進技術比日本還要普及

創新

第5章 非洲是全球最熱絡的醫療科技市場

新創企業

第6章 非洲即將成為巨大的市場

跨國企業

第7章 為何國內企業沒有善用非洲商機

日本企業

第8章 非洲各國的貧富差距現況

經濟、社會、生活

第9章　非洲正在進行令人吃驚的巨大開發案

基礎建設開發

第10章 成功進軍非洲的4種方式

成功開拓非洲商機的訣竅

第1章

非洲比你想像中更大、更年輕

大小、年齡組成、人口

非洲小常識①

問題1　非洲大陸有多大？

①比美國面積還要大
②比美國和中國加起來的面積還要大
③比美國、中國、印度、歐洲及日本加起來的面積還要大

問題2　奈及利亞的人口年齡中位數是幾歲？

①18歲
②25歲
③31歲

問題3　非洲二〇五〇年的推估人口數為？（二〇一九年約為13億人）

①18億人／約占全球人口的18％
②25億人／約占全球人口的25％
③30億人／約占全球人口的30％

非洲大陸是印度的10倍大

關於非洲，有件事一定會讓大家感到吃驚，那就是非洲遠比你想像的還要大得多。在麥卡托投影法的地圖中，高緯度地區看起來會比實際大小還要大，所以位於赤道附近的非洲大陸看起來會相對比較小。

非洲大陸有多大？我在演講中經常提到這個問題。非洲的東西南北有多長？南北距離約8000公里，東西距離約7400公里，這到底代表了多遠的距離呢？

從東京到美國西雅圖的距離有7687公里，到阿拉伯聯合大公國的杜拜是7935公里，因此非洲的南北向比較長。

從東京到印度孟買約6738公里，從東京到莫斯科為7492公里，非洲東西向的距離約7400公里，可以與上述兩者匹敵。

相信各位現在已經瞭解，非洲真的比你想像中還要大很多了吧。各位也應該能夠理解，在這麼巨大的非洲大陸上，「姑且先在非洲設立一個據點……」的想法，是多麼狀況外的思考方式。這就好比從東京的據點看著西雅圖及杜拜一樣。

不過大家會這麼想也無可厚非，因為我們很難實際感受到非洲的大小。絕大部分的人，都認為非洲大陸的東西距離大概就是從舊金山到紐約而已。然而實際上，卻幾乎是這個距離的兩倍。

我也經常告訴聽眾：非洲大陸的面積，是印度的10倍大、日本的80倍大。這個大小，可以完完整整容納進美國、中國、印度、歐洲、墨西哥和日本。

非洲比想像的還要大

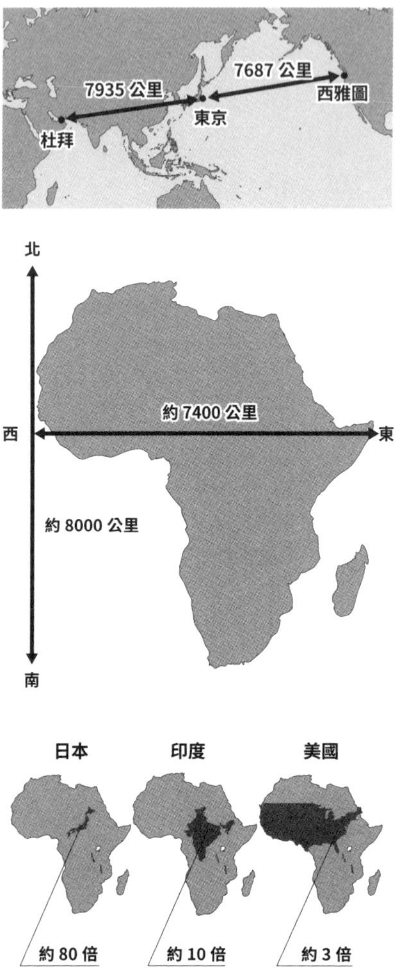

即使位居赤道正下方，全年氣候仍然宜人

說到非洲，很多人的印象都是叢林、酷暑或沙漠。非洲大陸上的確有叢林和沙漠，但人類並非都住在難以適居的叢林或雨量稀少的沙漠中，而是會住在叢林及沙漠外圍，這些地方被稱為「乾草原」或「疏林草原」。

廣大的非洲大陸中，人類主要居住的區域只占了三分之一。從地圖中可以得知，國土遍布沙漠的馬利、尼日、利比亞、阿爾及利亞等國家人口皆極為稀少，這是因為適合人居的土地不多的緣故。

另一方面，眾多人口居住的區域則位於北部擁有尼羅河入海口的埃及和地中海沿岸，還有西部的奈及利亞、迦納、以足球聞名的喀麥隆和象牙海岸等面向大西洋的區域。其中奈及利亞是非洲人口最多的國家，擁有高達2億人口。

東部的肯亞、烏干達、盧安達、坦尚尼亞以及衣索比亞一帶是人類的發源地，這裡同樣居住了許多人。南部的南非共和國則有5800萬居民，主要城市開普敦位於溫帶，氣候非常舒適，與日本及澳洲相近。

非洲大陸上人類居住的主要區域只占1/3

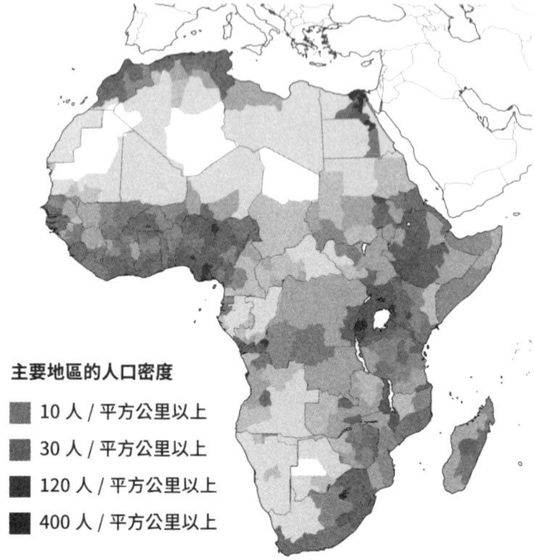

出處：AAIC 根據 Population density by Tzapquiel 製作。

我經常前往位於盧安達的夏威夷豆農場，常被問起「那裡位於赤道，應該很熱吧？」但其實完全不是這麼一回事。

盧安達的首都吉佳利和肯亞的首都奈洛比海拔高度約為1500至1800公尺。因為位處高地，因此當地氣候非常宜人。早上氣溫15度，中午則為28度左右，幾乎一整年都是這樣的溫度，很少會超過30度以上。該地每月平均氣溫全年維持在20至22度，雖然有雨季和乾季之分，但因為位居高海拔，所以溼度也不會太高。

沒錯，就是如此舒適宜人。在日本，有許多人在夏天會離開高溫高溼的都會區，前往輕井澤避暑。吉佳利和奈洛比的狀況，就彷彿一整年都是「夏日的輕井澤」，住起來非常令人心曠神怡。

一整年都像「夏天輕井澤」的吉佳利

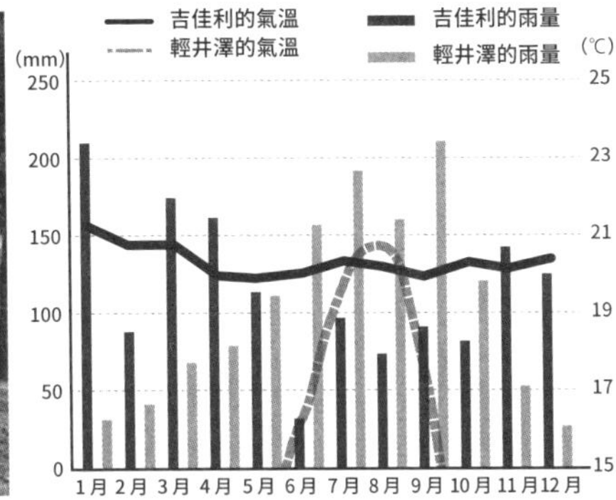

出處：AAIC 根據 World Bank Climate Change Knowledge Portal 的資料製作。

再稍微遠一點的地方，有一座湖面海拔超過1000公尺的維多利亞湖，它是尼羅河的源頭。

坦尚尼亞和肯亞的國境邊界，聳立著全球知名、海拔高度5895公尺的吉利馬札羅山，山頂終年覆蓋著皚皚白雪。

因為非洲就在赤道上，大家自然而然就會想像「那裡一定很熱」；但事實上，非洲的高海拔地區甚至比東京的夏天還要舒適。

非洲南部不僅有南非，還有尚比亞、辛巴威、波札那等接近溫帶的舒適區域。

當然，叢林或沙漠的話就很熱了。同樣是肯亞，沿海區就很熱，海拔零公尺的蒙巴沙附近，便無法和位處高地的奈洛比相比。

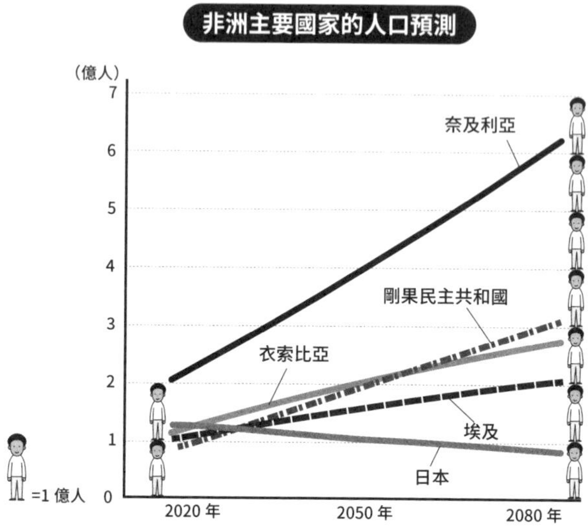

出處：AAIC 根據 UN DESA 的資料製作。

非洲的人口年齡中位數僅有19・7歲

這也是鮮有人知的非洲特色：人口年齡壓倒性地年輕。將人口從0歲開始按照大小排列，剛好位於正中間的那個人的年紀（人口年齡中位數），日本為48・4歲，而非洲所有國家的中位數竟然僅有19・7歲（二〇二〇年統計）。（中文編注：二〇二二年臺灣人口年齡中位數為43・9歲。）

非洲目前的總人口數約為13億人，人口最多的奈及利亞年齡中位數為18・1歲，其他國家，例如肯亞為20・1歲、衣索比亞19・5歲、坦尚尼亞18・0歲，而剛果則是17・0歲。

簡單來說，就是年輕人很多的意思。其

非洲主要國家的人口金字塔與中位數年齡（2040年）

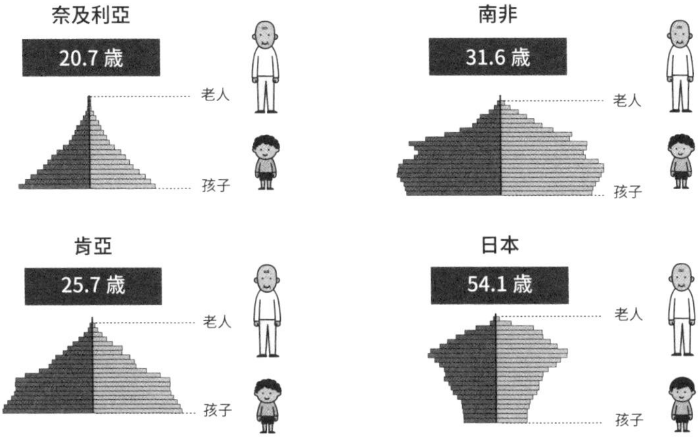

出處：AAIC 根據 UN DESA 的資料製作。

背後原因是基於醫療及環境衛生大幅改善，嬰幼兒的死亡率快速下降，以及開始能夠確保足以養活人口最低限度的糧食等因素。在微軟創辦者比爾蓋茲設立的比爾及梅琳達．蓋茲基金會、WHO（世界衛生組織）及相關NGO、NPO團體的共同協助下，藉由充實醫療資源，使得嬰幼兒的存活率增加。

在不久之前，非洲的人民生產時普遍還是在自家由產婆接生，但因為衛生環境不完善，導致產婦及新生兒的死亡率居高不下。醫院的藥品也不夠充足，即使每位女性平均生產六至七胎，能夠順利長大成人的孩子卻只有兩到三人。

不過現在由於醫療環境已經漸趨完善，

孩子在出生之後都能順利長大，因此人口呈現爆炸性成長。只要看看非洲人口金字塔中，年輕人口的增長率就能一目瞭然。反而還因為增長過快，讓各國都在想方設法抑制人口成長。在南非等國家，甚至會免費發放避孕工具（保險套）。

即使如此，只要看人口推估，就可以清楚得知：和其他區域相比，非洲的人口正以壓倒性的速度持續增加。二〇一九年非洲的人口約為13億人，而根據預測，到了二〇五〇年非洲的人口將會增長為25億人，幾乎是現在的兩倍（來自聯合國二〇一八年中位數預測）。人口最多的奈及利亞在二〇二〇年有2億人口，30年後將達到近4億人；剛果民主共和國人口約 8960 萬人，30年後推估成長到1億 9000 人；衣索比亞人口將達到2億，埃及也將有1億 5000 萬人口。

不過從另一方面來看，當人民生活變得富裕、各地走向都市化之後，人口增長的趨勢就會停滯。從人口金字塔的變遷就可清楚看出，很早就開始走向都市化的南非，人口金字塔已經呈現靜止型（彈頭型），這代表出生率已經下降。南非目前約有 5640 萬人口，二〇四〇年的人口推估會停留在 6550 萬人。

同樣地，東部都市化程度最高的肯亞目前有 5260 萬人口，20年後推估為

7800萬人，預計會增加2500萬人，但也漸漸朝向靜止型（彈頭型）邁進。奈洛比等都市正流行「兩個孩子恰恰好」，這是因為要以生活品質為優先，將金錢用於教育費用等支出的緣故。另一方面，農村人口較多的地方，則維持著高出生率。

無論如何，非洲擁有遠超其他國家的爆炸性人口成長，以及年輕的人口結構，只要國家經營得當，未來的人口紅利就能夠成為一股極大的能量。不過相反地，若沒有讓人才適才適所，就有可能造成龐大的社會不穩定，這是非洲根本性的問題之一。

接下來將大幅都市化的新星國家

接下來農村的人口依然會持續爆炸性增加。如果生下來的六個孩子之中只有兩人存活，家裡還可以維持自給自足；但如果孩子全都長大成人，相同大小的農地可能就無法滿足生活所需了。這時，由於只有長子可以繼承家業，排行在第二、第三的孩子就只好離家前往都市發展。二戰前後的日本便是如此，現在非洲也正要踏上相同的道路。

當國家走向都市化，就會有大量人口湧入都市。只不過目前非洲最大的問題之一，

非洲主要國家的都市化比率

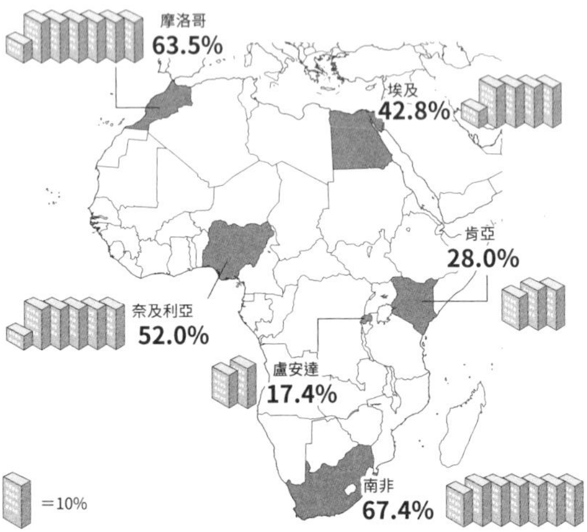

出處：AAIC 根據 UN DESA 的資料製作。

就是「都市有那麼多工作機會嗎？」

如今農村地區的家庭，已經勉強可以讓小孩唸到國小或國中。然而，即使是肯亞這樣的主要國家，也只有一成左右的人能夠上大學。即使念了大學，也只有約半數人能在畢業三年內找到正式工作。來到都市謀生的大多數人，主要都是從事臨時工等僅能支應當天生活的工作。

原因並非人手不足，而是工作機會壓倒性地不足。大多數人力都屬於藍領階級，擁有專業技術的技術性人才非常少。有大學學歷、能說英語，足以擔任管理階層的高階人才更是少數中的少數。

每個國家的都市化程度都不同。以南非而言，居住在都會區的人口占了總人口的67%（二〇一八年統計）。以最大城市約翰尼斯堡為中心，南非是我們在認識非洲時，必定會優先關注的國家。

其他受到矚目的新星還有非洲西部的奈及利亞。奈及利亞擁有2億人口，是非洲人口最多、GDP最高的國家，都市化程度為52％。

除此之外，就是以都市化程度28％的肯亞為首的東非各國。

人口方面，肯亞有5260萬人、坦尚尼亞有5800萬人，烏干達則有4430萬人（二〇一九年統計）。這三個國家加起來的總人口約有1億5000萬人，是目前的發展熱區。

持續走向都市化的其他受矚目國家，還有位於北非、都市化程度43％的埃及，以及位於非洲西北部、都市化程度64％的摩洛哥。這兩個國家都離歐洲很近，產業也發展得較為快速。埃及在二〇一一年阿拉伯之春的革命浪潮後，一度因政治及經濟上的混亂而略顯停滯，但做為世界最古老文明誕生之處，該國仍有相當高的潛力。

這裡所提到的南非、奈及利亞、肯亞和埃及這四國，就是非洲最主要的國家，還請各位務必牢記在心。

我經常前往的盧安達位於非洲中部，都市化程度約為17％。該國的1260萬人口之中，約有86萬人住在首都吉佳利，有超過八成的人口仍居住於農村。

農村地區已有電力供應的家庭約占六成，四成仍尚無電力供給。夏威夷豆農場的員工之中，也有很多人的家裡是無電可用的。這裡一天的工資行情落在1.5美元上下。

工作年齡人口的高峰轉移：中國→印度→非洲

非洲所擁有的「年輕」究竟代表什麼呢？我希望各位能夠聚焦於工作年齡人口比率的高峰推估值。

所謂「工作年齡人口比率」，就是指15歲到64歲的青壯年勞動人口，總共佔了總人口的多少。日本是在六〇年代到八〇年代末期達到工作年齡人口的高峰（約為70％），在那之後就開始急遽下降。

現在正迎來高峰期的國家就是中國。中國總人口中的工作年齡人口比率，從二〇〇〇年左右開始一路飆升突破70％，不過現在已經過了高峰期，轉為下降。

而美國的高峰期就持續得比較久。其背景原因在於美國的移民政策，每年都會讓人口增加約1.5%。

接下來將迎接高峰的國家是印度和中東。印度大約會在二〇四〇年來到最高峰，接著開始下跌，而緊接著迎來高峰的就會是非洲，而且這段高峰期預估將會持續相當長一段時間。

工作年齡人口與一國的經濟高峰息息相關。國家是否繁榮，工作年齡人口的占比是一個重要的因素。

這是很淺顯易懂的道理，能夠工作的人口愈多，國內的經濟活動就愈活躍。經濟高峰關乎工作年齡人口的說法相當正確，我們回顧過往也看得出這個關聯。

日本過去的經濟是如此，中國也是如此。在不久後的將來，印度應該也會迎來經濟的盛大繁榮期，逐漸追上中國。

根據預估，中國在二〇二八年左右的GDP將會追上美國，印度的經濟規模也有可能發展到與中國及美國並駕齊驅。接著二〇五〇年之後，被稱為「最後一塊成長大陸」的非洲便很有可能站上浪尖，躍升全球經濟主要地區。

此外，根據專家的推估，全球整體人口將在二一〇〇年達到最高峰100億人左右。

勞動年齡人口比率的變遷預測

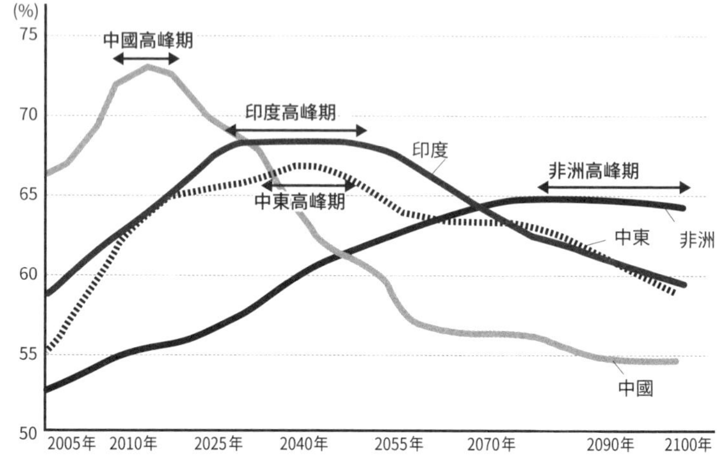

出處：AAIC根據聯合國人口估計數據製作。

最近也有見解指出，人口高峰會落在90億人上下。這個看法是出於中國和印度的出生率，正以極快的速度下降的關係。

就像剛才說過的，都市化程度愈高，出生率就會隨之下降，人口會開始趨於減少。一旦出現這個狀況，即使發展初期能藉由人口紅利帶來經濟方面的優勢，但如果繼續朝少子化發展，就會轉變為人口負債，對國家經濟造成偌大的負面影響。

日本當初就是對這樣的狀況置之不理，導致經濟失落程度遠超於其他區域，唯有日本的工作年齡人口比率下降到了50％左右。

經濟成長＝人口成長＋產能提升。

二〇一九年，日本的人口自然減少了約52萬人，預估從二〇二〇年代後期開始，人口每年會以將近1％的比率，在50年之間持續減少大約70萬人到100萬人。即使研究過去的歷史，也從來沒有經歷過如此大規模的人口減少後還能維持繁榮的國家，光是要提升產能就相當受限了。

以長期推估而言，要準確預測股價或匯率是不可能的事，唯有人口推估有高度準確度，因此這是未來必定會面臨的現實。非洲的人口現在還在增長，個人認為和其他國家或許能夠形成互補的關係。未來應該投資在哪裡？應該把眼光放在哪裡的成長潛力上？現在正是測試我們能否看清現實、做出正確判斷的時機。

非洲小常識①解答

問題1 **非洲大陸有多大？**

③比美國、中國、印度、歐洲及日本加起來的面積還要大

問題2 **奈及利亞的年齡中位數是幾歲？**

①18歲

問題3 **非洲二〇五〇年的人口數預測為？**

②25億人／約占全球人口的25％

第2章

非洲變得愈來愈富裕

商業規模

非洲小常識②

問題1 **非洲肯亞的手機普及率有多高？**

①55%
②85%
③113%

問題2 **非洲有幾家企業營業額超過1000億日圓？**

①50間
②200間
③400間

問題3 **非洲在健康方面的重大問題是什麼？**

①飢餓
②感染疾病
③肥胖

就算沒電，也還是擁有手機

前面提到，盧安達農村地區的電力普及率僅有六成，不過若看非洲整體的話，農村地區的電力普及率應該不到四成，有電可用的家庭其實很少。

而且非洲多數國家，有八成的人口依然居住於農村。也就是說，非洲大約有半數人的家裡都是無電可用。

當然，如今每個國家都在努力建立供電網。光是這七年內，每當我前往盧安達的農場，就會發現連農村的角落都架設了電線桿，也常見到道路兩旁放置了電線桿，正在等待施工的樣子。

日本在約一百年前（一九一九年）的電力普及率剛好是50％左右，從大正時代到昭和初期，電力才一口氣普及，非洲也正在發生相同的現象。

然而，與過去的日本不同的是，非洲的成年人幾乎是人手一支手機，每個人都擁有智慧型手機或傳統手機。

就算沒電，人們還是會使用手機。那麼他們都用手機做些什麼呢？答案是：打電

使用手機的馬賽族

話、用WhatsAPP、臉書，或是玩遊戲。最重要的是，手機相當於他們的錢包，是生活中的必需品。

那在沒電的情況下，要怎麼幫手機充電呢？他們會利用小型的太陽能板充電，或是使用村子裡小商店（類似雜貨店）的充電服務（充一次約20日圓）。

肯亞及坦尚尼亞的疏林草原中，住著電視上常介紹到的馬賽族，他們的生活雖然以放牧為主，但幾乎所有成年人都人手一機。他們是自尊心很強的民族，有些傳統的馬賽族人甚至不碰觸土壤、不從事農業耕作，只靠著放牧為生。但即使如此，智慧型手機在該地還是很普遍，他們會使用臉書，也會接收臉書上的好友邀請。

近幾年來，也有很多馬賽族人移居到都市，稱為「都會馬賽人」。肯亞政府為了推動兒童就學，正在推行定居政策；也有一些馬賽族人會跟一般人一樣去上大學，成為上班族。

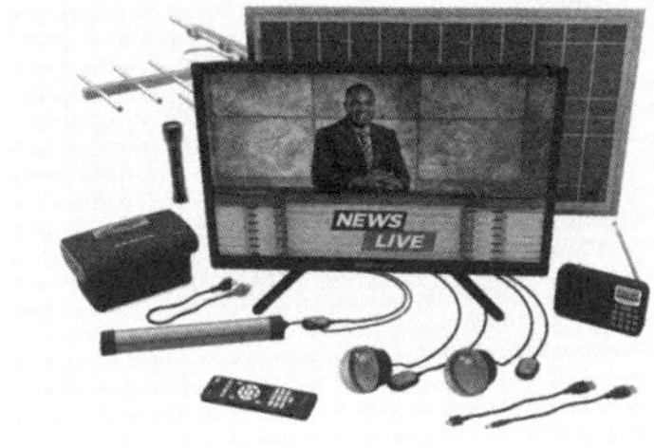

M-KOPA 600

M-KOPA 5

非洲市占率最高的智慧型手機是中國製

「M-KOPA」是東非最熱銷的商品之一。這個商品集太陽能板、充電電池、LED燈和充電式收音機功能於一身，總價約為2萬3000日圓。但對非洲人來說價格昂貴，無法一次付清購買。

於是他們會採用分期付款的方式，先支付約3000日圓的頭期款，之後用行動支付（M-PESA）日付約50日圓的費用，大概一年半之後就能付清款項。利用這樣的販售方式，該產品累計銷售90萬臺（二〇二〇年底統計），成為超人氣商品。

使用者每天都須透過手機繳納50日圓，一旦沒準時繳納，手機的充電功能就會遭到遠端強制停止。因為有這樣的機制，大家都會乖乖繳錢。

這款「M-KOPA」還有更進階的商品——附加電視的機型「M-KOPA 600」。繼手機充電之後接下來是電視，這就是非洲

手機販賣店

人們的渴望。主要用來觀看運動賽事的電視也很受歡迎，就像早期社會家家戶戶都想要電視機，非洲的人們也是如此。

這個附24吋薄型電視的套組約為6萬5000日圓，日付金額約是150日圓，同樣相當熱銷。

一般人身上不會有太大筆的現金，因此透過M-PESA的小額支付，讓龐大的潛在需求浮出了水面。

在非洲，也有許多二手手機在市場上流通。例如在奈洛比，彩色傳統手機的二手價格從1000日圓起跳，二手智慧型手機則是3000日圓起跳。

非洲的手機還有一大特徵，就是近98％屬於預付型手機。在非洲，要求使用者後付費用相當困難，因為投遞郵件到家庭的服務並不普及，甚至沒有明確的住址。在整個肯亞，只有不到三成的人擁有銀行戶頭，信用卡的普及率也只有5％左右，農村地區則幾乎是零。

也因此，他們的手機才會以預付為主。他們會在村子裡的雜貨店、便利商店或M-PESA商店儲值。因為這筆費用是很大的負擔，所以大家對於哪一家電信的通話費用、數據傳輸（上網）費用比較便宜都瞭若指掌。當數據傳輸費用太貴時，他們就絕對只會在有免費無線網路的地方上網。

因此大受歡迎的就是雙卡機種，意思是一臺手機裡可以裝超過兩張SIM卡。這樣的機種在印度也非常普及，以便於隨時切換訊號比較好，或是價格比較便宜的SIM卡，有一些機種甚至還能自動切換。

在當地，全新的3G手機大概是4000日圓起跳，4G的話則是1萬日圓起跳，大部分都是OPPO或華為等中國品牌手機，蘋果的市占率只有5%左右。其中最受歡迎的機種，當屬中國傳音（Transsion）的「Tecno」。

這家手機雖然是中國品牌，但並沒有在中國境內販售。Tecno的總公司設在香港，是一個專為非洲開發的手機品牌，並且已經成為非洲市占率第一名的手機。它之所以能夠成為市占率第一，有其背後的道理。他們在很多消費者在意的小細節上下足功夫。例如可以安裝雙卡，以及為了省下充電時間和費用，而推出充一次電就能用上四天的手機，所以在非洲大受歡迎。

傳音公司全名為「傳音控股」，二〇〇七年正式以Tecno這個品牌打入非洲，二〇一八年在非洲的市占率高達49％（IDC調查），成為眾所皆知的「非洲手機之王」。他們也在衣索比亞設立了手機組裝廠，最近也進軍中東。

為什麼非洲的每個草原都有天線？

在日本國內，營業額超過1000億日圓的企業約有940家；但在非洲，卻已經有超過400家營業額突破千億日圓的企業。畢竟這是個擁有13億人口的大陸，雖然確實有眾多貧窮人口，但在必需品方面是個有大規模潛力的市場。

事實上，近幾年來，非洲是全球智慧型手機賣得最好的地方，每年可以賣出超過一億支手機，比中國和印度還多。目前智慧型手機的普及率，肯亞約六成、盧安達約三成，可以想見接下來兩三年內，傳統手機應該會全面替換為智慧型手機。

在肯亞，如果光以SIM卡數量來看，手機的普及率是113%（二〇一九年），日本則是137%，這是因為有些人擁有兩支手機。其實肯亞也有很多人同時擁有傳統手機和智慧型手機，或是同時使用多家電信服務，打電話時用A公司、上網時用B公司，看哪一間比較便宜就用哪一間。

而且因為是預付型手機，所以沒有基本資費，用多少就儲多少即可。因為這種預付型手機而崛起的，就是我會在後面詳細介紹的行動支付服務（可以將儲值的通信費用轉帳給其他人，或用於付款）。

這引發了一大變革。在這個時代，手機已經成了肩負「轉帳及付款」功能的生活必需品，所以馬賽族的人們也才會擁有手機。

明明連市話都沒有，手機卻一口氣遍地開花的原因之一，就是比起鋪設電話線路，建造手機基地臺的成本相對較低，所以可以短時間內拓展。除此之外，委託中國廠商建造基地臺，也是手機能夠在早期普及的其中一個原因。

在日本，建設基地臺的主要是電信商，非洲大部分則是全權交由中國的華為或ZTE（中興通訊）等基地臺製造商進行建設。

經營手機業務的是當地的電信商，基地臺的建設則是完全假他人之手，所以速度才會快，而且因為需求龐大，因此對基地臺製造商來說也是一大機會。

我曾在衣索匹亞見過一次這樣的情景：一名中國人開著卡車載了三名當地員工，為了設置基地臺而四處奔走。經過詢問，他們一整個星期都是睡在帳篷裡，因為偏遠地區沒有旅館可住。

這種類似古早的生意人提著一卡皮箱就在全世界到處跑的工作方式，華為及ZTE的年輕員工也正在實踐中，所以無論是什麼樣的疏林草原，手機幾乎都連得到訊號。

此外，系統投資便宜也是預付型手機基礎建設的特徵。我每次到盧安達，就會換成當地的SIM卡，30天內5G的數據流量只需要900日圓（二〇二〇年底），不但便宜又非常方便。

非洲和東南亞相比，幾乎不相上下

近年來，中國、印度、東南亞的成長蔚為話題，諸多報導指出「亞洲時代來臨」；

非洲各國與東南亞各國幾乎不分伯仲（2017年）

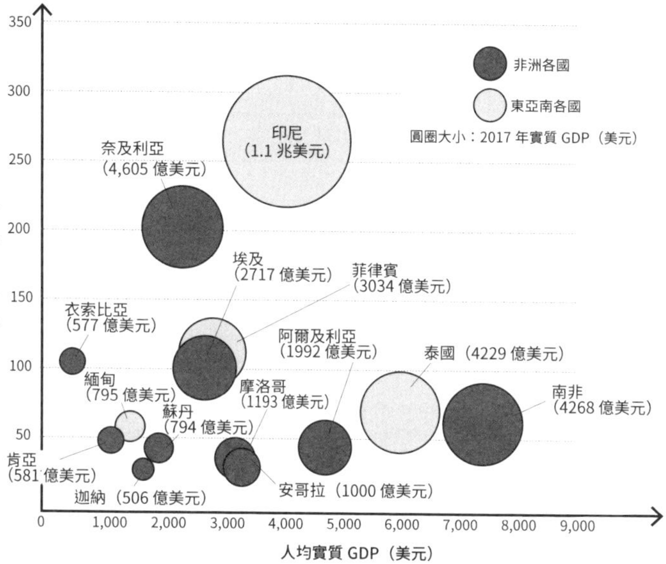

出處：AAIC 根據世界銀行的資料製作。

但另一方面，關於非洲諸國，人們仍不脫過去內戰、難民、饑荒及貧民窟等舊有印象。

確實，非洲的農村地區依然有很多貧困人口，但是也有不少國家正一步步都市化，穩健地發展經濟。中產階級已經現身，非洲家庭也開始購買和已開發國家相同的產品。事實上，如果將非洲主要國家的人均實質GDP、人口規模，以及GDP規模拿來與相同規模的東南亞國家比較，幾乎是並駕齊驅。

南非和泰國有相同水準；埃及和菲律賓有相同水準；肯亞及衣索比亞

非洲主要國家的第三級產業正在增加(2019年)

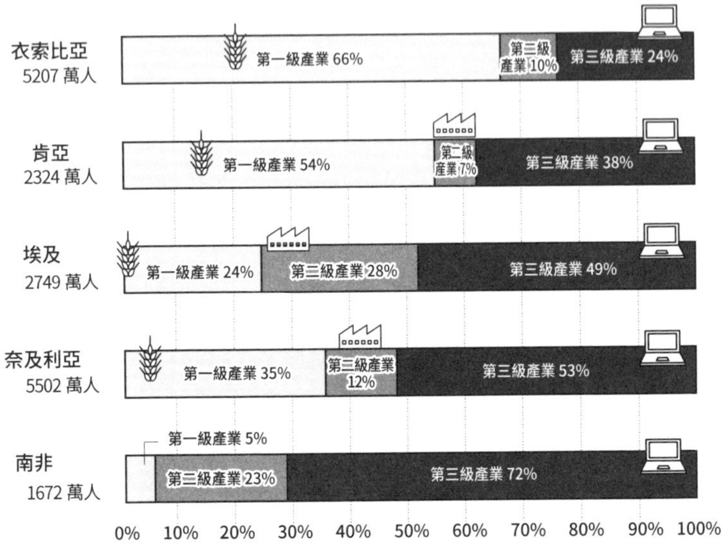

備註：就業者數與產業類別的比率
出處：AAIC 根據各國相關單位、JETRO、世界銀行的資料製作。

和緬甸有相同水準；蘇丹、安哥拉及摩洛哥等的人均GDP規模則與菲律賓相近。

非洲的產業結構也開始產生變化。肯亞及衣索比亞至今仍從事第一級產業的人分別為54%及60%，不過在南非，只有大約5%人從事第一級產業，而第三級產業從業者則高達72%，事實上，這個數字比日本還要高。

奈及利亞的發展也急速成長，第三級產業在勞動人口的占比來到了53%，埃及也有49%，製造業比率偏高也是該國的特色。

肯亞則因為還有半數以上的人口在農村工作，所以該如何提升那些人民的所得，就成了一項重要議題。隨著經濟的發展，第一級產業會逐漸減少，人口開始流向都市，第三級產業便會漸漸擴大。

非洲的困難之處在於第二級產業一直未能成氣候。衣索比亞的GDP比率看起來雖然已經提升，但建築業就占了其半數以上。衣索比亞的縫製工業正在逐漸成長，是有潛力發展成亞洲型的國家。現在，他們進入了如同日本經濟高度成長期的建設高峰，公共住宅、都市公共交通、高速鐵路等建設大幅增加，建築業的比例不斷提升。

非洲最大的國家奈及利亞的GDP約40兆日圓。長年以來，經濟規模都是南非獨占鰲頭，但現在已被奈及利亞超越。從GDP來看，產業結構相當分散是奈及利亞的一大特色。

另一方面，奈及利亞的石油製品占了外匯來源的九成。內需雖然分散得很廣，但出口卻有九成都是石油製品，該國為產油國固然是原因，不過其他的產業規模也在拓展中，已經有半數以上的稅收都是來自石油之外的產業。仔細一想，擁有大約2億人口，卻又不會陷入糧食不足的問題，我認為這是個非常有潛力的國家。

熱門的購物中心，蔚為風潮的健身中心

二〇一九年，奈洛比有一項東西捲起了風潮，那就是健身中心。在新冠疫情流行之前，健身中心在奈洛比非常受歡迎。

應該有很多讀者還記得，日本在泡沫經濟時期，健身中心（當時稱為運動中心）也是如雨後春筍冒出，在這之前，花錢運動或接受鍛鍊以維持健康並不是一件普遍的事，因為當時人們的家裡附近並沒有運動中心。

非洲現在也走到了這樣的時代。他們為了健康付出金錢，想要活動身體，於是購物中心裡開始出現了一家又一家的健身中心，蔚為風潮，此外，也有很多可以透過手機進行的運動，以及專門為減重打造的 APP。

當然，這些都是屬於以都市為主，金字塔頂端兩成左右的人們的生活，住在農村或貧民窟裡的人還沒有這樣的機會體驗。不過肯亞即使是兩成的人口，也有大約 1000 萬人，這已經漸漸形成了一個大型商機。

一說到非洲，還是有很多人腦海中會浮現饑荒的影像，但是現在，除了戰爭、內戰以及天災之外，已經愈來愈少發生饑荒了。這是因為不只國家，還有聯合國及相關NGO、NPO團體都給予了各式各樣的支援。當然因為新冠疫情的關係，有一部分的難民營似乎有糧食不足的情況發生。

非洲過胖的人正在增加

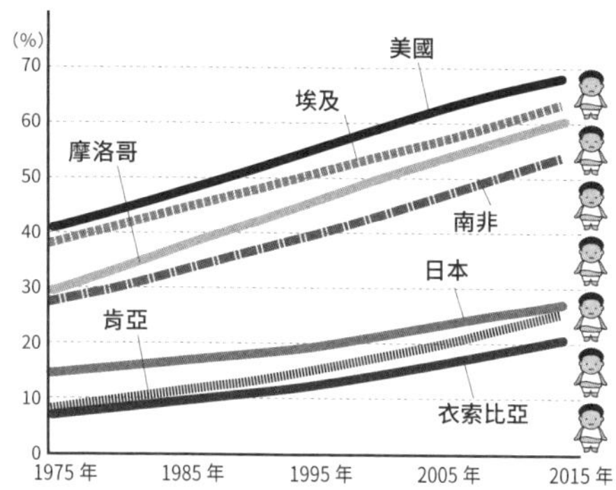

備註：BMI25 以上的成人比例。
出處：AAIC 根據 WHO 的資料製作。

相反地，在非洲致死率愈來愈高的疾病，是因為過胖所引起的慢性病。死於饑荒的人減少了，但死於肥胖導致的生活習慣疾病人數卻不斷在增加。

糖尿病、腦中風、心肌梗塞、癌症等就是所謂的慢性病（非感染性疾病），這已經成為非洲的一大問題，肯亞在國家願景「Kenya Vision 2030」中已經明白表示了其具體對策。

在此願景中，健康照護與充足的住宅、擴充製造業並列，成為重點施政之一，其中的一大重點就是慢性病的防治方法。

這部分之後會再詳細介紹，不過在肯亞，即使病患腦中風或心肌梗塞，也沒有救護車前去載送病患的制度，健康檢查及定期健診也幾乎完全不普及，但是因為壽命延長，癌症及慢性病患者急速增加，所以人們開始關注起這件事，或許這就是與健身房興起有關的因素之一。

比起新冠疫情，更可怕的是結核病及伊波拉出血熱

新冠疫情在全球擴散，造成歐美國家多數人死亡，非洲也有325萬人（二〇二一年1月15日統計）感染，不過死亡人數約7萬8000人，致死率為2.4％。死亡人數較少的原因，主要是因為70歲以上的高齡者較少，年輕族群占了壓倒性多數的關係。

然而另一方面，因為封城，導致HIV，也就是愛滋病，以及瘧疾的死亡人數增加了，新冠疫情造成不能就醫、不能接受治療是其原因。

事實上全球罹患HIV的人口中，大約有七成（2570萬人）集中在非洲。

非洲每一年因感染疾病而死亡的人數

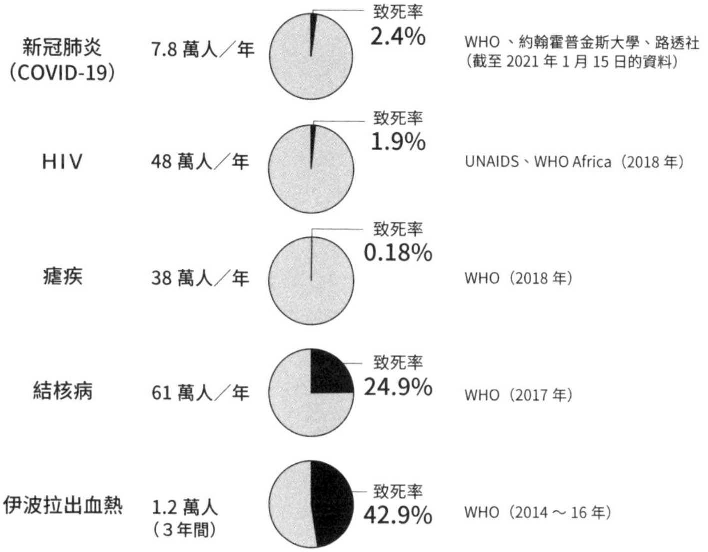

HIV本身的致死率為1.9%，這是因為目前已開發出許多新藥，並有一套機制可以用低廉的價格提供的關係。

日本也提供了五百億日圓的大筆資金，透過全球基金（The Global Fund to Fight AIDS Tuberculosis and Malaria），在愛滋病、瘧疾和結核病的檢查及藥物上，提供數美元的補助。在全球性基金的協助下，可以取得低廉的藥品，因此接受治療的門檻並不高。

國家開辦的國民健康保險普及率，每個國家都不一樣，肯亞的NHIF（國立醫院保險基金）普及率約19%，奈及利亞則還只有3至5％的程度而已。相對於ＨＩＶ及瘧疾有全球基金等團體的協助，因此可以用便宜的價格治療，屬於成人病的糖尿病及心臟病就無法如此了。

癌症的治療也一樣，需要花費高額的費用，如果沒有健康保險的話，金額就更可觀了。治療費用高昂、專科醫生及專科醫院也很少，尤其是專科醫生非常稀少。

提供基礎治療的基層醫療院所，光在肯亞就有1萬2460間（等級2以上），但是能夠治療癌症的等級5或6以上的醫療院所，只有24間（二〇二〇年統計）。

盧安達舉全國之力，將所有國民納入保險，每人每年的額度是1000日圓左右，還可以接受基層醫療，而高階醫療則在保險對象之外。

事實上三大感染疾病（愛滋病、瘧疾、結核病）之中，在非洲造成最多人殞命、致死率最高的是結核病，一年多達約61萬人（二〇一七年ＷＨＯ統計）死亡，致死率約有25％。日本因為有預防接種，一年的死亡人數為2204人（二〇一八年，日本厚生勞動省統計），人數非常少，約是人口的二十五分之一。

另外，致死率更高的是伊波拉出血熱，致死率為42.9％（ＷＨＯ統計）。雖然病患人數不多，但是個比新冠肺炎來得可怕太多的感染疾病，光是為了這個感染疾病，各國都已經採取好對策，瞬間就能關閉國境。

感染瘧疾的日本人

此外，也有很多人命喪於瘧疾。光是非洲一年就有2億人罹病（大約每六人就有一人感染），全球的瘧疾病患中有93%都是非洲人，只是現在有各種藥物可以使用，致死率約在0.1%左右。

瘧疾因為是瘧原蟲引起，所以沒有能夠確實防治的疫苗，只能在發病時用藥驅除瘧原蟲，有時候會因為藥效過於強烈而導致病患死亡。

我住在非洲的日子累計有數百日以上了，不過從來不曾感染瘧疾，但是有一位日本人第一次到非洲就感染了瘧疾。瘧疾的潛伏期可長達兩至三週，不會馬上發病，所以他是在回到日本之後才發燒，心裡覺得奇怪到醫院做了各項檢查後，才確定是瘧疾。

那位仁兄是該醫院的第九例瘧疾病患，聽說院方讓他嘗試了各種藥物。因為感染了瘧疾，因此那位仁兄在日本的醫院成了知名人士。

非洲小常識②解答

問題1 **非洲肯亞的手機普及率有多高？**

③113%

問題2 **非洲有幾家企業營業額超過1000億日圓？**

③400間

問題3 **非洲在健康方面的重大問題是什麼？**

③肥胖

第3章

非洲正處於我們也經歷過的快速成長期

商業機會

非洲小常識③

問題1 **肯亞一般銀行的貸款利率為多少？**

①5%
②10%
③15%

問題2 **肯亞的普通上班族女性花在頭髮上的費用大約是多少日圓？**

①一個月1000至2000日圓
②一個月2000至3000日圓
③一個月5000至1萬日圓

問題3 **非洲哪個都市的GDP為日本一九八〇年的水準（約1萬美元）？**

①安哥拉的首都魯安達
②迦納的首都阿克拉
③南非最大的都市約翰尼斯堡

肯亞的孕婦死亡人數是 100 年前的日本

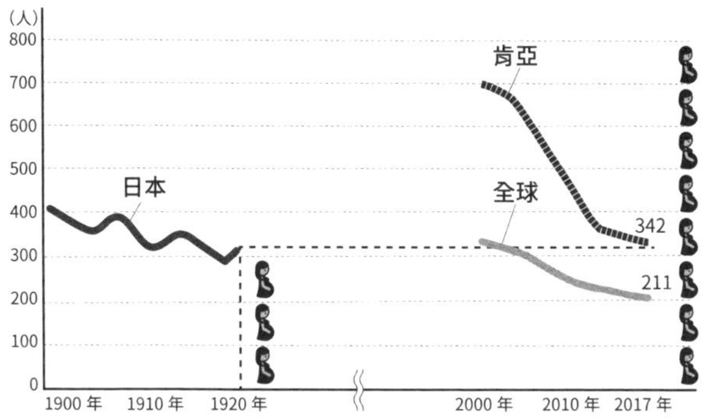

出處：AAIC 根據 World Development Indicators 的資料製作。

非洲有很多區域像四五十年前的日本

有一份資料叫做MMR（Maternal Mortality Ratio），是指出生人數每10萬人中，當年度有多少孕婦死亡的數字，而肯亞的數值幾乎與一百年前的日本水準相同。

二〇一七年該數值的全球平均為211人，肯亞為342人，OECD為14人，日本則是2至3人，日本的MMR是全球最低，不過一百年前也曾經有過高達350人左右的時代。

最大的原因在於當時產婦不是在醫院生產，大多都在自家生產，一旦生產時大出血，就會來不及接受搶救。當然衛生環境、營養狀態也有差異，不過根據統計，過半數的死因都是生產時大量出血，卻來不及

非洲主要國家的自來水管線狀況

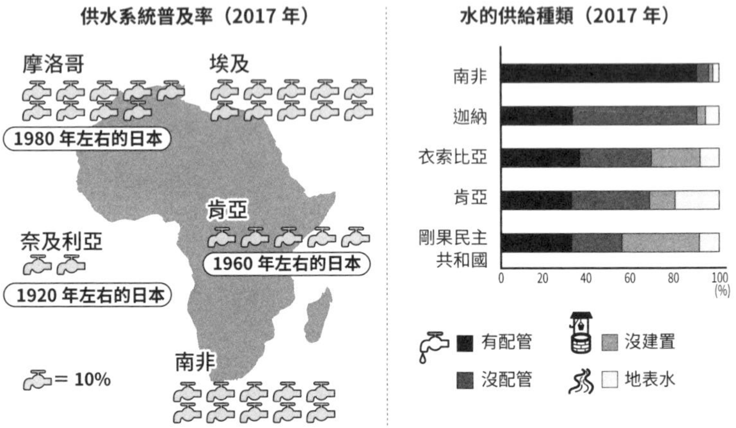

出處：AAIC 根據 Unicef、WHO、日本衛福部的資料製作。

接受輸血的關係。

肯亞並沒有血庫這樣的機制，這時候急救人員會要求親屬「帶四個A型的朋友過來」，所以有時候甚至會發生其中一人有愛滋病、另外兩人有瘧疾的情況。

這不是在開玩笑，這是農村地區現在依然真實存在的情況，過去的我們也是如此。

自來水系統的普及也是相同情況。日本是在一九六七年左右普及率才超過50％，在那之前都是使用水井等水源。

有幾份資料顯示了非洲諸國可飲用水資源的普及程度，諸如「有自來水」、「雖然沒有自來水但附近有水井」、「使用河川或池塘的水」等。有些國家雖然自來水的普及率超過

The Hub Karen

90%，但完全無法直接生飲，必須先煮沸過才可以。

從表中可看出，非洲大多數的國家普及率落在60至70%，日本的普及率則是從六〇年代到七〇年代間一口氣提升，看來有許多國家正與當時的日本處於相同的階段。

和日本的MMR及自來水普及率相同，有許多東西都是達到一定的經濟水準之後就會一口氣提升，我認為非洲的多數地區，正處於和日本七〇年代相近的狀態。

都市新中產階級的收入已經高於日本平均收入

另一方面，都市地區已經出現了像是永旺商場那樣的巨大購物中心。二〇一六年，肯亞首都奈洛比的凱倫區迎來了購物中心「The Hub Karen」的開幕。

這是肯亞最接近現代樣式的購物中心之一，占地近2萬

Garden City 的住宅

5000坪，在超過萬坪的樓層面積中，進駐了將近一百間店。投資該商場的是杜拜的財團MAF，這個中東的財團在肯亞興建了一棟購物中心。

我經常在演講時播放投影片，問聽眾「這是哪個國家的購物中心」，多數的人都不認為這是非洲，因為它看起來比日本的購物中心還要豪華炫麗。法國家樂福東非首家門市、美國連鎖速食漢堡王、電玩中心等都進駐其中。一到週末，除了住在那裡的外國人，當地的消費者也絡繹不絕。

同樣的大規模綜合商場「Garden City」則採住商混合的形式建立。住宅寬敞的客廳裡配備有LG薄型電視，另外還有最先進的系統廚房、LG700公升的大型冰箱、三星的洗衣機，以及歐洲製的廚房電器。每間房間都是含衛浴的套房，從大窗戶就可以看見外面的綠景。

房屋售價為4000萬至8000萬日圓，購買者有七成都是當地人。事實上，肯亞家庭年收入落在８５０萬美元以上的富裕階層約有10萬戶。

二〇一九年，這種富裕階層南非約占８％、埃及約４％，奈及利亞0.8％，肯亞也有0.9％。如果只看肯亞的首都奈洛比，則有約4.5％都是富裕階層。

日本上班族的平均家庭年收入約５４０萬日圓（二〇一八年統計），而家庭年收入３８０萬日圓以上的階層，在奈洛比約有10％，如果是埃及的開羅，則約有46％。就算是埃及全國，也有約13％的家庭收入幾乎與日本的平均家庭收入相同（Economist "C-GIDD" 2019）。

我想說的重點是，非洲已經出現了可以輕鬆負擔日本商品的新中產階級。事實上，當地的家電賣場中，就販售了要價20萬日圓以上的ＬＧ大型薄型電視以及大容量冰箱。

可惜這些商品都不是日本品牌。每當有人問到：「為什麼都沒有日本品牌的商品？」我就會回答：「因為沒有企業來積極開拓市場，而且ＬＧ和三星都非常積極打入市場。」

這些新興中產階級的平均家庭年收入比日本還要高，且在都市地區已經有一定數量的人口，這代表我們已經不能再拿「日本製品價格較高所以會賣不好」當理由了。

非洲的物價水準和中國相近

前面提到的這間 Garden City 是由中國的營造商承包施工，我沒有在非洲看過日本的營造商建造的大型商業設施，而讓我覺得很有趣的，是所有的電梯都是「上海三菱」製造。

意思是三菱電機在中國合資公司的製造商所生產的電梯，竟然被運到了非洲使用。道路及鐵路等基礎建設也是相同情況，中國的營造商已經席捲了非洲的工程界。原因在於：比起當地的營造商，中國的營造商不但便宜，而且又能如期完工。

這是因為中國的營造商在中國國內已經手過大量的營造工程，他們在中國累積了豐富的實績，並將從中摸索出來的價格水準、品質及交期的拿捏整套搬到了非洲，因此擁有極大的競爭力。鋼筋和電梯等材料、住宅設施、建築機械等幾乎都是從中國帶過去，現場的核心員工也是如此，剛才所說的 Garden City，施工時總共聘雇了約 350 名當地的勞工，以及約40名的中國員工。

為什麼他們可以做到這樣？原因在於中國的物價水準與非洲的物價水準非常相近。

建築成本比較（2019年）

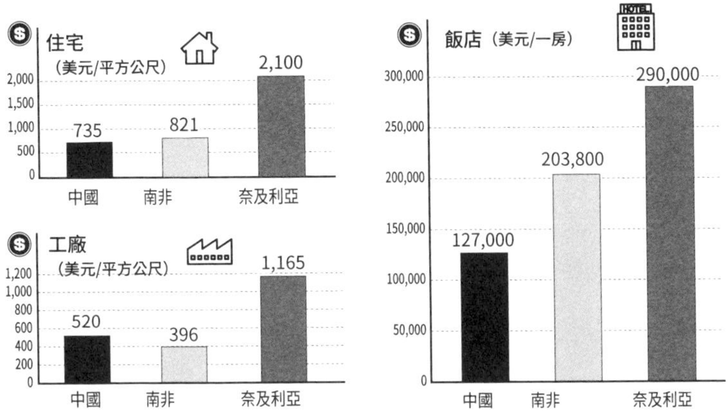

出處：AAIC 根據 AECOM 報告、The Guardian Nigeria 的報導製作。

即使以同樣的價格直接將中國的東西帶到非洲，也依然十分有競爭力，所以報價時也不難，只要將在中國的報價拿到非洲報價，然後將在中國採購的所有建材及重型機具等都搬到非洲即可。利用海運貨櫃，運費也不是太大問題，再加上中國的材料供給過剩，還可以將其轉作出口。

一切必要的東西都靠貨櫃運到非洲，勞工則招募人力便宜的當地勞工，他們就是可以做到這樣的條件。

如果日本的營造商想要如法炮製，那可就沒辦法了，因為建築方面的價格水準，日本實在是高出太多了，再說日本的營造商原本就比較不偏好冒險。

假如不是透過政府開發援助（ODA）這種由

國家負擔所有費用，並且還有保險，風險幾乎為零的案件，他們就不願承包，這樣的做法很難在非洲拓展事業。

當然透過ＯＤＡ日本營造商所建造的道路品質非常好，即使過了十年也很少產生坑洞，但是也就如此。中國的公司不但便宜，而且嚴守完工日期，為了完成當地的工程量，他們的技術也在不斷提升，所以和基礎建設有關的工程，都是一面倒地選擇中國營造商。他們也將高速鐵路和高速公路帶到了非洲，因此中國的國營體系金融機關也會支援他們的資金。

基礎建設業界的日中之差，不僅僅在於國家是否支持，民間企業的想法與企圖心也是個問題。只不過，實際上在非洲施作工程非常辛苦，勞工的程度不高又常休假，因此必須確保擁有百分之一百二十的人力，也要好好管理「因為下雨就不上工」的勞工。這幾點中國人都有做到，所以才能承包工程。

我曾經訪問日本製造業的幹部並造訪工地現場，有人說「水準剛好和我四十年前進公司那陣子很接近，價格也差不多」。所以反過來說，如果以四十年前的價格水準決勝負的話，就會有勝算。

事實上，本田汽車在亞洲就是這麼做的。一九九〇年代初期，他們拿出二三十年前的設計圖，在亞洲製造摩托車，也就是量產復刻版，這樣的話就能夠加入競爭。當然那時候零件已經停產，還有人事費用也不符成本等問題，吃了很多苦頭。

人均GDP與人生大事的關聯性

某一天早晨，我在衣索比亞看見一大群人聚在銀行前，還在想他們在做什麼，原來是要抽公共住宅。他們在那裡排隊抽籤，抽中之後只要存到一成左右的頭期款，就可以買下公共住宅了。

公共住宅非常受歡迎，每天早上都大排長龍。這也難怪，因為房價一定會上漲。在衣索比亞，房價只需要三到五年就可以翻倍。大約15坪的公共住宅只要 300 萬至 400 萬日圓左右，然後還會繼續往上漲。

事實上與此相似的情景也曾在50年前的日本發生過，只不過日本不是在銀行前面抽籤，而是利用明信片抽籤。典型的例子有多摩新市鎮，一九七〇年代初期的賣價約在

400萬至800萬日圓之間，之後過了大概5年就漲到了兩倍。

決定要開發多摩新市鎮的一九六六年前後，剛好是日本的人均GDP超過1000美元的年代，國家開始建設以中產階級為客群的公共住宅（新興國家則是以社會住宅為多），而且起價落在400萬至500萬日圓。

而類似的共通事項並不只限於公共住宅，我們還可以畫出新興國家與日本的人均GDP「時代換算地圖」。

這裡要注意的是，必須將國家整體與首都的人均GDP分開看，新興國家首都的人均GDP會比國家整體還要高出三倍左右。非洲還有七至八成的人口住在農村，如果加入他們的GDP會拉低平均，這樣的話就會錯估市場分析，眼光放在首都是非常重要的事。

也就是說，一開始最保險的目標就是「人均GDP達到1000美元」。不只是多摩新市鎮，只要超過1000美元之後，高速鐵路或高速公路等都市基礎建設就會開始正式發展。

接著，超過1000美元之後，會開始出現超市及購物中心，二手車和摩托車也會慢慢普及，然後年輕人會一個接一個從鄉村流入都市，也就是都市化的開端，土地的價值也差不多從這個時候開始急速飆升。

其實衣索比亞不只大規模的公共住宅，也建設了高速鐵路及高速公路。以國家來看，有烏干達、塞內加爾，以都市來看，坦尚尼亞的三蘭港及剛果民主共和國的金夏沙等地都發生了同樣的情況。

日本再次迎接來自世界各地的遊客

下一個重要關卡，則是「3000美元」基準線，日本是在約一九七二年左右達到，這條基準線也成為了外食元年。日本第一間麥當勞，是於一九七一年在銀座開幕，Skylark第一間店也是一九七〇年開幕。

肯亞的奈洛比在二〇一四年左右突破了3000美元，肯德基炸雞、達美樂披薩、聖酷石冰淇淋都在那時候進軍奈洛比，漢堡王也在稍晚開了第一間店。

突破3000美元線之後，大型購物中心也會隨之出現。當時我還是個孩子，家住在橫濱。我還記得很清楚，日本最大的daiei超市戶塚店就是在那個時候開幕的。

比較國家及地區		非洲	人均 GDP	日本過去的年代		日本發生的主要大事
國家	都市					
阿爾及利亞		●	3,980	1973年	經濟高度成長期	
奈及利亞	拉哥斯	●	4,060			
印尼			4,164			
阿爾及利亞	阿爾及爾	●	4,448	1974年		7-11 首店開張（豐洲）
寮國	永珍		5,028	1975年		
印度	德里		5,045			
越南	胡志明		5,164	1976年		汽車普及率達 50%
伊朗			5,506			
柬埔寨	金邊		5,675			
南非		●	6,100			
肯亞	奈洛比	●	6,229			
埃及	開羅	●	6,284	1977年		出國旅行人次達 300 萬
安哥拉	魯安達	●	6,867			
南非	約翰尼斯堡	●	7,761			
泰國			7,792			
波札那		●	7,859			
印尼	雅加達		8,230			
伊朗	德黑蘭		8,654			
土耳其			8,958	1978年		新東京國際機場（成田）啟用
菲律賓	馬尼拉		9,016			東急手創館澀谷店開幕
中國			9,771	1980年		中央自動車道全線開通（1982 年）
馬來西亞			11,137	1984年		東京迪士尼樂園開幕（1983 年）
泰國	曼谷		13,011	1985年		關越道全線開通
土耳其	伊斯坦堡		15,503			
馬來西亞	吉隆坡		17,473	1986年	泡沫經濟時期	出國旅行人次達 500 萬
中國	上海		20,162			赤坂方舟之丘開幕
沙烏地阿拉伯			22,865	1987年		安田火災買入名畫〈向日葵〉

時代換算地圖　～日本已經知道答案了～

比較國家及地區		非洲	人均GDP	日本過去的年代		日本發生的主要大事
國家	都市					
剛果民主共和國		●	501	1960年		富士急樂園開幕（1961 年）
衣索比亞	阿迪斯阿貝巴	●	756	1964年		東京奧運
烏干達		●	770			開放自由出國
衣索比亞		●	953	1965年		開始販售多摩新市鎮
坦尚尼亞		●	1,105	1966年		
緬甸			1,245	1967年		
尚比亞		●	1,307			
烏干達	康培拉	●	1,385			
塞內加爾		●	1,428			
喀麥隆		●	1,515	1968年		daiei 超市進軍首都圈
柬埔寨			1,621			（彩虹策略）
象牙海岸		●	1,691	1969年		
坦尚尼亞	三蘭港	●	1,744			
肯亞		●	1,998	1970年	經濟高度成長期	日本舉辦萬國博覽會
迦納	阿克拉	●	2,006			Skylark 一號店（府中）
緬甸	仰光		2,062			
印度			2,172			
奈及利亞		●	2,222			
迦納		●	2,223			
寮國			2,670	1971年		日本麥當勞一號店（銀座）
越南			2,740			
安哥拉		●	3,038	1972年		出國旅行人次達 100 萬
埃及		●	3,047			daiei 超市戶塚店開幕
突尼西亞		●	3,287			（當時首都圈內規模最大）
菲律賓			3,294			
摩洛哥		●	3,345			
象牙海岸	阿必尚	●	3,361			

備註：人均 GDP 為 2018 年的名目數值（約翰尼斯堡、開羅、德里、曼谷為 2017 年），單位為美元。
出處：AAIC 根據日本內閣府、IMF 的資料、C-GIDD，及各種報導製作。

現在我還可以鮮明地想起巨大的空飄氣球以及店裡的 daiei 之歌。在 1000 美元基準線之前，大家的交通工具還是二手車及摩托車，超過 3000 美元之後，市場上就開始販售新車（自用車）了，那也是彩色電視和冷氣等家電開始販售的時期，當時被合稱為「3C」（Color TV、Cooler、Car）。

非洲大陸中，位於 3000 美元線上的有奈及利亞的拉哥斯，國家的話則有埃及和摩洛哥。

再下一個重要關卡，則是「1萬美元」，以日本來看是一九八〇年左右，消費文化已經爛熟且呈現多樣化。當時的日本出現了東急手創館澀谷店（一九七八年）、澀谷的109百貨（一九七九年），還有東京迪士尼樂園（一九八三年）。超過1萬美元之後，人民就開始有餘力將錢花在這些消費上。

不只是在超市或百貨公司買東西，也開始產生想要有點新奇的玩意兒、想要看起來很酷的東西的想法，於是便誕生出了新的文化，這就是1萬美元基準線。

達到1萬美元之後，出國旅行也瞬間普及了起來。現在（二〇二〇年）的中國剛好處於全國即將達到1萬美元的時期，接下來國外旅遊應該會愈來愈熱門。

在日本，出國旅遊人數於一九八六年突破500萬人次，到了一九九〇年則突破了1000萬人次，才四年的時間就成長了兩倍。也是在超過1萬美元的時候，在滑雪場等度假村度假正式成為一種休閒娛樂。

中國的都市區人均GDP已經超過2萬美元了，所以出國旅行已經是一種流行，不過接下來全國才正要突破1萬美元，因此出國旅行的熱潮應該會擴及到整個中國。考慮到這一點，日本來自國外的遊客人數絕對不止新冠疫情流行前的規模。

會有無可計數的中國遊客來到日本。中國人口有13億人，即使有現今5至10倍的人數來到日本也不奇怪。

雖然「因為疫情影響……」的言論大概會持續四到五年，不過我認為來日旅遊的人數還有很大的可能性。

非洲大陸中，已經達到1萬美元基準線的有南非的約翰尼斯堡，以及擁有豐富石油資源的波札那和利比亞。

我們已經知道接下來非洲會發生什麼事

製作完時代換算地圖，再次讓我感受到，世界上所有國家，幾乎都已經達到國家人均GDP 3000美元、都市地區1萬美元的水準——只要不發生戰爭或內戰，且政治具有一定水準就能達成。光是這點，就讓我覺得人類很有智慧。

過去曾有一段時期，大家都認為只有歐美國家才能達成近代工業化，一百年前的殖民地時代就充斥著這樣的想法，然而，日本就是歐美國家以外，第一個成功達到近代工業化的國家。

接著第二次世界大戰後不久，被稱為「亞洲四小龍」的臺灣及韓國也完成了近代工業化，再來是中國，然後東南亞和印度也實現了近代工業化。非歐美諸國所以無法發展經濟的想法已經受到破除了，近代工業化和人種、歷史及國民性格都沒有關係。

我認為所有國家都可能發展到一定程度的經濟，像是世界銀行、IMF、經濟顧問等的專業知識就是為此而存在，而許多人都擁有「想要更富足」這種根本性的動機。

成長模式則各不相同，有像日本這樣靠著出口第二級產業建立經濟基礎，也有利用資源成長的方式，時間也會隨各個國家而有快有慢，但是國家整體達到3000美元，都市地區達到1萬美元是一定可行的，會逐漸往上成長。

然後在這五十年間早一步體驗到3000美元、1萬美元、2萬美元生活的我們，其實很清楚什麼時候會發生什麼事。

如果要推出時尚雜誌，會落在什麼樣的時間點；人均GDP如果達到1萬美元，人民會需要什麼東西。我們應該更加活用這些經驗及知識，因為接下來會有許多國家出現同樣的需求。

不論是中國、東南亞或印度，幾乎都在同樣的時間點發生了同樣的事情，而這些一定也會發生在非洲身上，我們應該多加複習，並且前進非洲推展商機，因為我們早已知道答案。

回顧過往，我出生的時候，日本還只是個人均GDP1000美元的國家，從那時候開始，經歷經濟高度成長期，達成了可稱之為奇蹟的巨幅成長，日圓也變得強勢，當時隨處可見工程在進行。可是超過3萬美元之後，日本就完全在原地踏步。從買房之後過幾年就可以漲兩、三倍的時代，變成現在非但沒有增值，實際價值還縮水的現況。

順帶一提，美國並沒有這種情況。一九九〇年買的房子，到了二〇二〇年已經漲了四至五倍，股價也是，這三十年來日經平均指數不見起色，紐約（道瓊工業平均指數）則是漲了約九倍。日本完全搞錯了國家的前進方向，資產沒有增加，薪水也沒有增加，經濟成長也持續低迷，而全球的人均GDP排名，也跌落到了30名左右。

我們在3萬美元之前都成長得很順利，卻無法建構接下來的商業模式。原本占優勢的家電、手機、半導體等製造業輸給了韓國和中國，卻又創造不出像GAFA（Google、Amazon、Facebook、Apple）這樣的新事業。接下來該如何建立新的經濟模式，是現在我們必須面對的問題。

經濟快速成長會帶來高利息

其實也可以從利息的高低看待「時代換算地圖」。非洲多數的國家，一般銀行的貸款利率隨隨便便就超過10％，有的國家存款利息甚至超過10％，這是通膨的風險以及金融政策等因素所造成。

非洲的貸款利率及通膨率都很高（2018年）

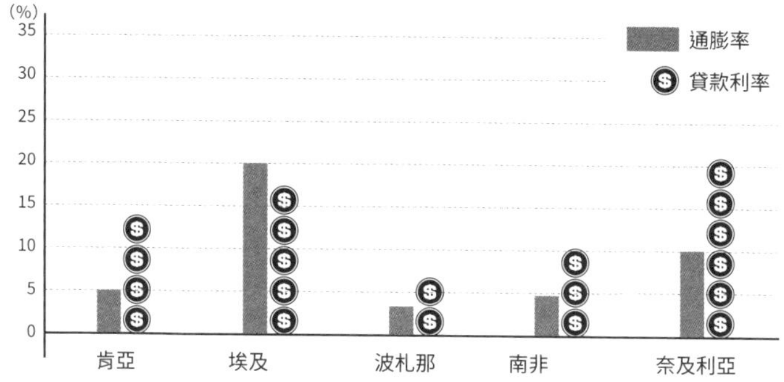

出處：AAIC 根據世界銀行及 IMF 的資料製作。

只是在奈及利亞這種貸款利率20％以上的國家及馬拉威這種超過30％的國家，很難靠貸款做生意，因此無法培育中小企業，在產業政策中是一大問題。

雖然也存在微型金融（中文編注：例如小額信貸服務），但利息更高，有些案例每個月利息更是達20％。即使不像日本過去高利貸的「十一制」，10天就要一成利息，但是這樣也很難穩定經營生意。

這是非洲經濟的重大問題，如果貸款利率不想辦法壓低至10至15％，情況會很嚴峻。

雖然對持續處於低利時代的我們而言，這樣的利息相當令人驚訝，但其實過去的日本也曾有過類似的時期。直到一九七〇年代，不但通膨率高，貸款利率也超過10％，房貸也在10％左右。

但是因為通貨膨脹的關係，即使咬緊牙根也最好要買房子，當時是這樣的一個時代，因為房價只會愈漲愈兇。雖然近10％的利息放到現在很讓人吃驚，但那就是一個借錢也要買下房子比較好的時代。

當時存款利息也很高，4至5％的利息很常見，舊日本興業銀行及舊日本長期信用銀行發行的不記名零息票債券利息更有5至7％。7％的利息代表只要持有10年，就會成長為兩倍，100萬日圓過了7年會變成200萬；1000萬日圓過了7年會變成2000萬。

而且更令人驚訝的是不記名這件事，這也難怪在當時會爆炸式地形成一股熱潮，據說當時還有人在背包中塞滿了幾千萬日圓的現金，到舊日本興業銀行及舊日本長期信用銀行的窗口買債券。

我想非洲大概也會發生同樣的事。經濟一旦發展起來，利息也會隨之變高，土地會上漲、薪水也會上漲。正在迎向這樣時代的非洲，或許會出現有趣的金融商品。當然其中的風險也很高，這並不是件容易的事。

附帶一提，現在的中國都市地區，正在經歷日本的一九九〇年代，6至7％的經濟成長率大概會跌落至3至4％左右，而利息也會隨之調降，出現通貨緊縮的傾向，進一

享受自己時尚髮型的非洲女性

步地，人口也會開始減少。

為了不重蹈日本的覆轍，中國究竟會祭出什麼手段呢？需要繼續保持關注。

稱讚非洲女性時要稱讚髮型

敏感地捕捉到生活變富裕了並且樂在其中，我覺得在非洲女性的身上可以看到這種象徵性的樣貌。

在人均GDP超過3000美元的肯亞奈洛比，普通上班族女性為了時尚髮型所付出的每個月費用，其實高達5000至1萬日圓，月薪在5萬至8萬日圓之間，卻能毫不猶豫的花費將近5000至1萬日圓在頭髮上。

這份資料，是我們實際訪問女性們之後得到的數字，是真實的女性消費樣貌。看來都市地區已經來到了這個階段。

事實上非洲女性不太使用基礎化妝品，她們最在意的就是頭髮。非洲女性本來就擁有獨特的髮質，因此大家都會戴假髮，或是編成辮子。每週一次，到美髮店去花三個小時編辮子。

比較貴的店家，一次就要花費2000至3000日圓，如果一個月去三次，再加上買假髮的話，一個月就要花將近1萬日圓，可以說這是非洲女性獨特的花錢方式。

像這樣，頭髮相關的行業（全頂式假髮、接髮等）成為巨大的市場，雖然真髮很受歡迎，不過因為價格高昂，因此以人工毛髮為主流，直髮假髮、辮子頭等，髮型各式各樣，非洲女性們對於擁有美好髮型的需求非常高。

在非洲美髮店的臉書或IG上，可以看到實際的商品或是做造型的樣子。她們做造型的過程是日本的美髮店不會做的事。首先是測量頭圍大小，接著套上像絲襪般的髮網，然後將人工毛髮編在髮網上，慢慢做出獨創的假髮。

有趣的是，非洲女性不只會購買假髮成品，她們也經常現場請設計師做出自己喜愛的假髮。

外出時佩戴，睡覺時再脫掉，這種是全頂式假髮，其他也有將假髮編進自己頭髮中的接髮，這種類型的假髮在下一次到美髮店報到前的約一個星期，都不可以用水洗頭，因此市面上也有很多乾洗髮。

這是日本完全沒有的市場，在非洲卻是廣大的商機。

深獲女性喜愛的人工毛髮用原料纖維技術

其中，有一間日本企業在非洲提供製作全頂式假髮及接髮時不可或缺的原料，每年的營業額高達數百億日圓，可以說是近幾年來在非洲成功的日本企業之一。

這間企業是化學產品製造商鐘淵化學，他們利用化學技術，提供用在人工毛髮上的原料纖維，商品名稱為「鐘淵佳龍」（KANECARON®），使用了這款纖維的假髮及接髮，相當受到非洲女性的支持。

在製作假髮及接髮時，最理想的是使用人的頭髮，但是人髮的價格實在是太高昂，如果做成全頂式假髮的話，高價款式可以達到5至10萬日圓，這種價格實在讓人很難下手。

因此才要改用人工毛髮，而人工毛髮的重點在於和人髮極為相似，以及用起來方便，這兩點是理所當然的大前提，不過還有另一個很重要的地方，就是要不易燃，所謂的難燃性，畢竟是要戴在頭上的東西，安全性很重要。

我小的時候，曾在新聞看過人偶燒起來的意外，因為是用塑膠製作的，所以非常易燃。

鐘淵化學的人工毛髮用原料纖維「鐘淵佳龍」（KANECARON®）具有難燃性，即使以打火機點火，只要一離開火源就不會擴大燃燒，這是其他的製造商很難達到的一點。「鐘淵佳龍」（KANECARON®）主打的就是難燃性，帶給女性「安全且高質感的美」。

事實上，就算做出極為相似的產品，也很難達到他們的不易燃特性，所以一直沒有競爭對手出現。由於這是個巨大的市場，因此中國的製造商推出了廉價版的人工毛髮用纖維，不過日本企業還是占據了優勢。

鐘淵化學的產品有可以清洗的類型，以及可用電棒捲燙髮的類型，就是因為日本這種細緻又高階的技術，才會受到非洲女性的喜愛。

非洲的女性是這種願意花錢花時間，會跟隨潮流整理頭髮的人，所以和非洲女性見面時，要將焦點放在頭髮上，就從「妳的髮型真好看！」開始對話吧。

人均 GDP 超過 3000 美元之後，就會在都市地區產生這樣的變化，接著超過1萬美元的話，就會有更多人開始關注起名牌商品。

日本也是在一九八〇年代，颳起了設計師及品牌標誌產品空前的旋風，那一陣子，誕生了多位在全球嶄露頭角的日本設計師，如 JUNKO KOSHINO、KENZO 等。亞洲其他國家也是，超過1萬美元之後，就會出現本土品牌以及本土設計師。

非洲女性們也一樣，接下來會將目光轉向名牌商品，還是休閒產品，又或者是出國旅遊呢？無論如何，消費模式都會愈來愈成熟及多元。

專欄

有生以來第一次拿薪水工作的人

我在二〇〇八年創立的生意是在亞洲及非洲等發展中的新興國家進行投資及擔任顧問，其中，為什麼我會開始在盧安達經營高達200公頃（約40個東京巨蛋大小）的夏威夷豆農場及加工廠呢？

這是基於我在大前研一先生創辦的BBT大學（Business Breakthrough Inc.）中的某一次相遇。佐藤芳之先生，是在一九六三年前往非洲，在肯亞開始做起夏威夷豆的生意，並獲得絕大成功的人。

這位佐藤先生創立的公司是「肯亞堅果公司」，他在一九七四年創業，於肯亞經營夏威夷豆農場及加工，之後直接雇用的員工達4000人以上，間接雇用的員工則有10萬人以上，為非洲的人們創造出工作機會。

約五十年前事業剛開始的時候，幾乎所有員工都是第一次獲得一份可以定期領到薪水的工作。這是第一次的有償工作，在此之前都是以自給自足為主。

創業初期，他們連銀行戶頭都沒有，當時是直接給現金，結果有些人隔天就不來工作了，接著過了一、兩個月之後，員工又陸陸續續回來，因為領到的薪水已經用完了，所以又開始工作。

說穿了，這就是人類的本性。尤其是男性，一旦於狩獵中捕獲獵物後，就會等到獵物吃完了才又開始工作，這就是為什麼當時的人拿到錢之後，都要等到花光了才願意工作。

另一方面，那時（一九七〇年代後期）的肯亞，比日本早一步批准了ＩＬＯ（國際勞工組織）所提出的當時最先進勞動標準，規定了諸如成立工會、工作時間及工作條件、年假、各式津貼及職災補償等各種制度。那是當時連日本都還沒通過的最先進內容，聽說為了縮短這個理想與現實間的差距，佐藤先生耗費了很大的心力。

此外，那個時候也缺乏「儲蓄」的概念，畢竟幾乎所有人都沒有銀行戶頭，於是公司引進了創立「互助會」來儲蓄的制度。每個月員工從薪水中提出１％，再由公司負擔２％的方式儲蓄，互助會的運作交由獲選的當地員工執行，遇到結婚喜慶或重建房屋時就由互助會出錢，聽說員工們都很喜歡這項制度。

不僅如此，當時對於「退休生活」這個概念也很模糊。一九七〇年代後期的平均壽命為50多歲，雖然政府有年金制度但卻不夠健全，於是公司就設立了一個「退休津貼」，類似保險的制度。這個制度就像年金一樣，退休後，每個月可以得到為數不多但固定的金額，這個制度也讓員工們非常感激。

另外，他們也很積極舉辦員工訓練或研習，會讓員工參加學校或外部的研討會及研習課程，而且不僅是會計或業務管理等工作方面的課，也會有生活設計或家庭計劃等課程。

有了這樣的努力，很多員工是父子二代或祖孫三代都在「肯亞堅果公司」工作。

聽了這個故事我想到，人類的常理分成本能性的以及後天性的，像是存錢、為退休生活做準備等，是後天的常理，要靠社會及教育培養。

知名的摩西「十誡」，是看透了人類的本質後，寫下當時（現在也是）的人類沒有達成的事，因為這就是人類。

告訴我這些故事的佐藤先生，邀我一同到盧安達開闢夏威夷豆農場。

盧安達政府在數年前，就開始分發苗木給農民，後來盧安達的果樹開始結果，因此當地人希望佐藤能夠蓋加工工廠。剛好那時候我遇見他，於是就決定一起在盧安達打造夏威夷果的生意。

盧安達還是處於發展初期的國家之一，自給自足的人民依然相當多，我覺得去創業很有意義。

佐藤先生在肯亞的直接雇用員工有4000人以上，而我們才大概350人左右，農村地區一天的工資行情介於1.5至2美元，不到在日本便利商店打工時薪的六分之一。即使這是事實，依然讓我深感現實的不公。

順帶一提，衣索比亞現在約有400間以上的土耳其及中國縫製工廠在當地設廠，ZARA及H&M等歐洲服飾品牌，已經將原本設立在土耳其和東歐的製造據點轉移到衣索比亞了，因為人工比中國或孟加拉便宜。

新設縫製工廠的員工月薪（二〇一八年資料），中國大概是500美元，越南350美元，緬甸150至180美元，孟加拉不久前是80美元，現在是100美元，在衣索比亞則是50至60美元，這樣的月薪除以25天的話，一天是2至3美元。衣索比亞現在有愈來愈多的縫製工廠，有可能發展為以便宜的人工為槓桿，依靠出口成長的亞洲型經濟模式。雖然還有很多問題，例如產能低落、擔任管理職的人才稀缺等，不過非洲在某種程度上是最後一塊商業大餅，我想非洲的其他地區也會漸漸按照這樣的模式崛起。

非洲小常識③解答

問題1　**肯亞一般銀行的貸款利率為多少？**

③15％

問題2　**肯亞的普通上班族女性花在頭髮上的費用大約是多少日圓？**

③一個月5000至1萬日圓

問題3　**非洲哪個都市的人均GDP為日本一九八〇年的水準（約1萬美元）？**

③南非最大的都市約翰尼斯堡

第4章

非洲的先進技術比日本還要普及

創新

非洲小常識④

問題1 **肯亞的行動支付「M-PESA」普及率為多少？**

①成人的26％
②成人的56％
③成人的96％

問題2 **在盧安達（人口1200萬人），接受遠距醫療看診的人數有多少？**

①累積24萬人／人口的2％
②累積60萬人／人口的5％
③累積240萬人／人口的20％

可以將儲值的通信費當成貨幣使用的「M-PESA」支付

行動支付在日本的使用率也開始逐漸上升，然而和中國等地相比，其比率還是非常低，這件事曾在新聞報導中出現。

事實上，日本的行動支付不只是比中國落後，和美國相比也是落後的，再說遠一點，和非洲相比也是落後。

例如在肯亞，人口的七成／成人的九成以上，都在使用行動支付。

只是他們的方式和日本的Suica或PayPay差異極大，他們的模式是儲值在智慧型手機或傳統手機裡的通信費可以直接拿來像貨幣一樣使用。

首先，大家要理解，非洲的手機幾乎（98%）都是採用預付式。亞洲也是一樣，有很多遊牧民族等居無定所的人，也有很多沒有銀行戶頭或信用卡的人，如果是後付款的方式，通信費會無法回收，所以才會預付通信費。買好手機之後，第一件事就是利用預付的方式儲值通信費，然後再使用那筆錢。

儲值後的通信費「可以轉帳給他人，也可以還原為現金」，這是這項服務最大的特

儲值後的通信費可以用於付款的 M-PESA 服務

色。

這就是肯亞最大的電信公司 Safaricom 所推出的「M-PESA」服務。

PESA 在斯瓦希里語（Swahili）中是金錢的意思。肯亞到處都有 M-PESA 的商店及加盟店，人們可以在這裡幫手機儲值通信費，或者是還原為現金，是 ATM 的替身。

商店看起來就像兌換小鋼珠獎品的販賣亭，且遍地開花，不僅是都市地區，像貧民窟之類的地方也到處都是，光是肯亞就有14萬間以上（二〇一七年統計），只要在 Safaricom 辦妥一定的手續後就可以成為 M-PESA 的加盟店。

儲值後的通信費可以在便利商店、加油站或速食店等地方支付消費金額。

M-PESA會分配一組六位數的號碼給使用者，之後就可以用自己的手機轉帳給那組六位數號碼，例如我在採訪非洲年輕女性關於頭髮的內容之後，就詢問她的那組六位數號碼，然後用M-PESA把受訪費用轉帳給她。

我也曾見過都市的遊民在手寫的當地語言「Help me」板子上，大大寫上M-PESA的六位數號碼。他們不是用空罐子收零錢，就連遊民都在使用M-PESA。

二〇一八年的時候，M-PESA年交易規模約為4兆5000億日圓，這將近於肯亞GDP的一半，是所有銀行年交易量的大概兩倍，可謂在肯亞生活絕對不能沒有M-PESA。

不需要銀行也可以達到全方位銀行服務

M-PESA令人驚訝的地方在於，它不僅限於行動支付，還可以存款，甚至只要有信用紀錄就可以貸款，只是有一些限制。轉帳一次上限約15萬日圓，一天最多可轉帳約30萬日圓（截至二〇二一年二月的規定），這部分的服務和銀行不一樣。

M-PESA 的功能

①轉帳
即使轉帳對象非 M-PESA 使用者也可以轉帳（輸入轉入對象的手機號碼）

②提領現金
在 M-PESA 加盟店可以領出儲值金的餘額

③付款
可以用於支付電費、水費等公用事業費用，或是在電子商務平台購物，以及在合作的實體店面付款

④儲值手機費
不只可以為自己儲值，也可以為朋友儲值

⑤貸款與存款
可以貸款、存定存，或是存款一定金額

出處：AAIC 根據 Safaricom 網站的資料製作。

只不過在肯亞很少有人一天會轉帳達30萬日圓，大部分的人都在這個金額範圍內，因此沒有任何不便。事實上對民眾來說，這是可以轉帳、支付、存款，還可以貸款，生活不可或缺的行動銀行。

這又稱為「破壞式創新」（Disruptive Innovation），意思是已經不需要銀行的存在了，也不需要銀行核心系統（Core-Banking System），不需要銀行分行、ATM提款機，只要用一個電信公司的系統，就可以達成個人金融的銀行服務。

而且因為儲值後的通信費可以直接當成現金使用，所以很多人開始不帶現金出門了，得利於此，也不再需要擔心弄丟現金或是被搶。

即使不小心弄丟手機，資料也都存在伺服器中，而不是存在手機本身，這一點和日本Suica這類的電子貨幣不同。就算儲值後的載體本身不見了，M-PESA裡的資料也不會消失。

M-PESA還可以隨時還原為現金，事實上日本的電子貨幣做不到這點，例如Suica或PayPay，一旦現金儲值進去之後，基本上就無法再拿出來，這是因為受到資金結算法的管制。

不過，肯亞並沒有這樣的管制，儲值進去的錢依然是自己的，所以可以領出現金，這種非常直觀的方式普及到了整個社會，和日本「雖然可以儲值，但無法還原為現金，所以一定要用完」的方法，哪一種是更加便利的服務不言自明。

肯亞也有銀行，只是一般人及農村地區的人不太去銀行，擁有銀行戶頭的人只有不到所有人口的三成，簡單來說，就是有錢的金字塔頂層，所以不管是工作的報酬或匯款，大多數的人都是使用M-PESA。

年輕人想給鄉下的媽媽生活費時，M-PESA也可以大展身手，媽媽不需要擁有銀行戶頭，有些年輕人在領到日薪之後，每天都會匯一半回鄉下。

如果是存款，非來自本金的利息有約6%（二〇一九年），使用M-PESA的話不但可以付房租、付學費，也可以付公用事業使用費，即使是在路邊賣香蕉的小攤販也可以使用。

這就像中國的支付寶一樣，但不需要掃描QR Code。不過中國的支付寶要有銀行戶頭才能申請，日本的行動支付也是如此，而M-PESA不但不需要銀行戶頭，只要有手機，所有功能都可以使用，所以才會爆炸性地普及開來。

轉帳、付款、存款、貸款，這些稱為全方位銀行服務，在肯亞，這些服務都已經由M-PESA提供了，可以說是比日本還要進步。非洲的其他電信公司也提供了同樣的服務，幾乎所有的非洲各國都有相同的服務。

電話線都還沒拉，全民突然就用起了手機，這種現象稱為「跳躍式創新」（Leapfrog Innovation），這不只是出現在通訊的部分，也出現在金融、醫療及物流等領域。

非洲因為傳統包袱（既有基礎建設、既得利益者、僵固的規定）較少，所以進步技術才可以迅速遍及整個社會。

肯亞市場的將近四成，1兆5000億日圓的市值

推出M-PESA服務的肯亞電信公司「Safaricom」已經在肯亞股市上市，當時的市值超過1兆5000億日圓（二〇二一年一月十五日統計）。事實上肯亞的股市整體市值大約為4兆日圓，因此Safaricom就占了將近四成，可以說其價值絕大多數是M-PESA的價值。

經手肯亞將近半數的交易量，代表了Safaricom擁有龐大數量的數據，當然可以對個人做信用評等，而且是針對肯亞九成以上的成人。

事實上整個國家的金錢如何流動，透過M-PESA就可以掌握，這是個擁有極大潛力與影響力的社會基礎建設。實際上在肯亞，被稱為鐵飯碗，薪資穩定定期入帳的公務員、銀行員及軍人只占了兩成，只有這些人擁有銀行戶頭，可以先行課徵稅金或社會保險費。可是剩下的八成人口主要住在農村，也沒有銀行戶頭，都是自給自足；即使暫時有收入也都是收進私人口袋，幾乎無法課徵到稅金或社會保險費。

不過，透過M-PESA，就有向那八成的人課徵稅收的方式了。現在的肯亞，無論

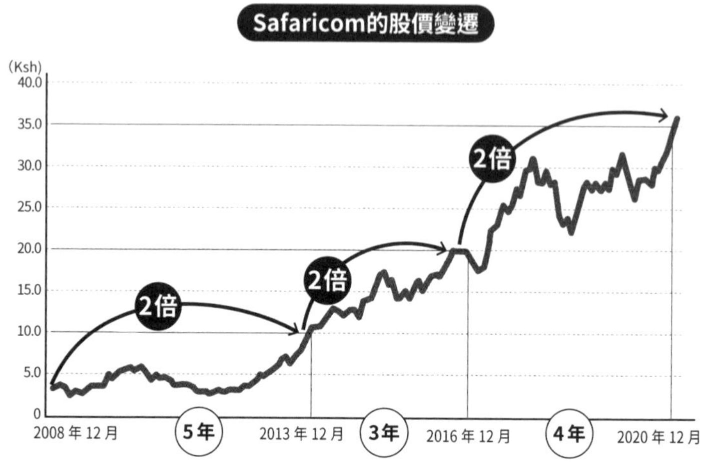

出處：AAIC 根據 Safaricom 網站的資訊製作。

是稅金、健康保險費、公用事業費用等都可以使用 M-PESA 繳納，透過這種方式，農村的基礎建設會更完善，也可以提升人民的生活水準。

而且利用 M-PESA 的話，還可以小額繳費。先前介紹過的太陽能發電板一天約繳50日圓，這也是透過 M-PESA 這個系統才辦得到，摩托車的貸款也是用 M-PESA 支付，利用 M-PESA，每週繳付 1000 日圓至 2000 日圓。

從 M-PESA 的使用情形也可以得知信用紀錄，有了這個紀錄就可以貸款也是此系統的特色。

非洲有很多國家已經引進了國民身分證號碼制度，在出生時分配給每人一組編號，如果沒有這組編號的話，就不能簽約手機門號，也不能使用 M-PESA，一切都是一個蘿蔔一個坑，即使想要非法取得新的手機門號，也會因為必須綁定身分證號碼而無法達成。

他們不像日本這樣有保險號碼，又有駕照號碼，有護照號碼，又有個人身分號碼，不同的場合各自為政，一切都是以一組國民身分證號碼綁在一起。

順帶一提，奈及利亞是非洲GDP最高的國家，但行動支付並沒有像肯亞那麼普及，原因很簡單：因為電信公司提供的行動支付服務受到法規限制，因此使用起來不方便，所以奈及利亞主要是使用銀行體系或新創公司體系的行動支付。

再說一件事，擁有Safaricom三成股份的股東是英國的通信公司「Vodafone」，英國不愧是這一帶的舊宗主國。

AI診斷新創企業成為獨角獸企業

在非洲還有很多跳躍式創新的案例。

近年來，已開發國家的新創企業界中出現了一種模式，由已開發國家進行研究開發，然後在非洲率先提供商用服務，原因是非洲國家單純且傳統包袱少，因此可以馬上提供最先進的服務。

其中一個例子就是英國的新創企業「babylon/babel」推出的遠距醫療看診／AI診斷服務。截至二〇一九年底，已經累積了240萬人次以上使用此服務。babylon/babel 最開始提供正式商用服務的地方是盧安達，他們和盧安達的衛福部合作，共同發展地區醫療。

我想各位都想像得到，盧安達的醫院並不多，八成人口所居住的農村地區幾乎沒有大型醫院，只有50間被稱為健康中心的設施分布在全國，於是該公司挑選了其中30多間，訓練裡面的員工。他們建立了一套遠距醫療的系統，先由手機的AI（目前正在進行實證）或救護指揮中心診斷，然後是護理師診斷，最後才是由醫師診斷。

身體不舒服的病患先以手機在AI的對話視窗中輸入症狀，然後AI會針對症狀給予初期判斷。

如果這樣還是不能解決問題的話，護理師就會出面應對，萬一狀況還是很棘手，就會由醫師進行遠距診斷。

費用一次為200盧安達法郎，大約20日圓左右，這也是用行動支付來付款。

在二〇一九年時，要立即與ＡＩ對話的門檻還太高，必須要先預約，然後用行動支付付款，之後五分鐘內會有專人回撥電話，由護理師等救護指揮中心的人員應對。

如果是一般藥物，救護指揮中心即可開立，若是醫療專用的處方藥，就會由醫師開立處方簽，該處方簽可以電子列印。

babylon/babel的目標是「建構全球最先進的醫療平臺，讓診斷程序更簡單，向全球提供為個人量身打造的健康診斷及治療」，員工人數雖只有約１７０人，但二〇二〇年已經成為獨角獸企業了（市值超過10億日圓的新創企業）。

日本約有28萬名醫師，每１０００人可分配到2.4名醫師，不過肯亞只有0.2名，衣索比亞則只有0.1名，他們的醫師人數只有大約日本的二十五分之一。即使想去附近看醫生，也必須花費數小時搭公車，這樣的例子並不少見。

所以人們才會活用當地的健康中心和遠距醫療。二〇一九年時，一天約可接到２０００通電話，最後轉介到醫院去的病患只占17％，有83％的病患在接受遠距診斷後問題就解決了。

也就是說，如果本來有１００個人會到醫院去，現在減少到只剩17人，大幅提升了醫療的效率，總有一天這項技術也很有可能普及到已開發國家。美國的大型保險公司正在關注此項技術，並研議該技術是否能適用於公司的北美保險用戶，因為他們的關注，babylon/babel 才成為了獨角獸企業。

如果日本也引進該技術又會如何呢？門診人數要是減少83％一定會引發軒然大波，因此可以說該公司才會從非洲開始推展事業。

而ＡＩ醫師的特色之一，是跨足於廣泛的專科領域。非洲的醫師人數已經很少了，專科醫師更是限定在某些領域中，他們對於感染疾病雖然知之甚詳，但瞭解癌症或循環系統的醫師人數卻極為稀少，反而是ＡＩ醫師可以在廣泛的領域中做到七成精準度的診斷。

現在除了盧安達，烏干達也在洽詢此套系統。順帶一提，農村地區的健康中心擔任的角色是說明ＡＰＰ使用方式及翻譯英文。實際上的連線有八成來自鄉下的健康中心，因此在農村地區打造的團隊與使用者是否增加息息相關。

利用無人機15分鐘即可配送血液

這也是一間成為獨角獸企業的新創企業，名為「Zipline」，公司位於舊金山，在盧安達及迦納提供無人機的商用物流服務。他們的營業內容是利用無人機運送血液或藥物的物流事業，也就是無人機宅配。

雖然說是無人機，不過他們的機型是定翼機，從發射臺（彈射器）彈射出去之後，無人機便會自動飛行，然後自動返回的自主飛行型無人機，最高時速80公里，在盧安達平均15分鐘就可以抵達醫院，以降落傘空投血液或藥物，然後自動駕駛回到基地。

因為是定翼機，所以不易受到氣候影響，一次可以配送約1.8公斤以下的商品，輸血袋的話可以載運三袋。無人機專用機場在盧安達有兩座，迦納則有四座，一座機場可以覆蓋的範圍為半徑80公里的區域，二〇一九年時，每一天都有200架次的商用物流航班。

Zipline 的無人機

流程很簡單，透過APP收到來自醫院的訂單後，將打包好的商品裝入機身，輸入配送目的地，再將無人機放到發射臺上，按下按鈕，無人機就會自動飛行。

在盧安達，兩座專用機場就幾乎可以涵蓋所有國土了，盧安達所需的輸血血液約有六成都是由Zipline配送。

使用無人機配送血液的原因，是因為非洲各個醫院的血液庫存機制還不完善，道路基礎建設也很脆弱，所以將血液儲存在機場附近的兩座血液中心，然後再利用ZipLine運送到全國。

而且他們使用的是「全血」，已開發國家使用的則是成分血，也就是將紅血球與血小板等成分分離使用。可是非洲還沒有足夠的血液分離機，全血非常容易腐敗，保存期限極短，所以才會統一儲存在血液中心，然後配送到全國。再加上許多鄉下地區沒有鋪設柏油路，一到雨季道路會成為一灘爛泥，使用摩托車配送要花上很長一段時間。

整個非洲一年需要輸血的機會有8億次，可是目前只能提供一半的量，因此很多人因為失血過多而死亡，正因為當地有這樣的情況，才有了這種服務的需求。

全球有數千間無人機新創企業，而市值最高的則是這間公司，他們的市值已經達到了15億美元，日本的大型商業公司也有出資。

在累積了大量的商用物流服務飛行實績後，無人機的頭腦愈來愈聰明，這成為了產品差異化最大的因素，並且獲得好評。他們有潛力以這項實績為後盾，向全球推展業務，而非洲就是他們的實驗場。

利用手持超音波診斷機進行遠距醫療

這間公司也已經成為獨角獸企業了，是美國的手持超音波診斷機開發商「Butterfly」。這是一款手持式的超音波診斷機，最大的特色是結合手機上傳雲端，就可以遠距診療或 AI 診療。

在接受健康檢查等情況使用超音波診斷機時，一般都是由醫生或專業醫技師直接操作，並在現場接受診斷及治療。而 Butterfly 則是由接受過操作訓練的人操作，

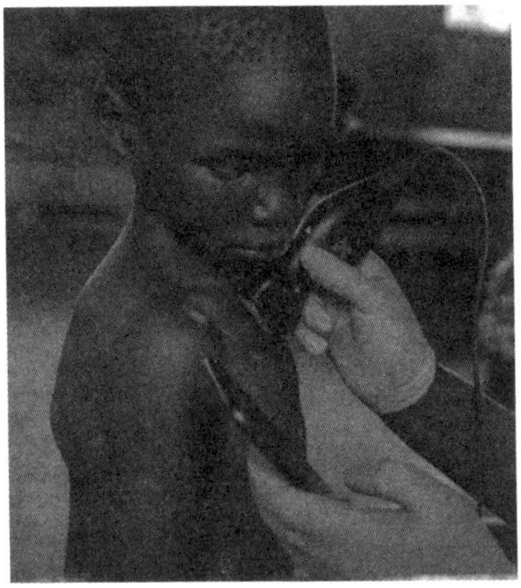

Butterfly 的手持超音波診斷機

然後將數據上傳到雲端，這樣ＡＩ或專科醫師就可以檢查超音波影像看診，也可以由病患自己進行操作。

因為是結合在手機內，因此不須另外接電源也可使用，即使現場沒有專業的醫師也沒關係，對於醫師稀少的非洲來說最適合不過了。

現在已經用於鄉下的健康中心、醫院、婦產科的檢查及內臟疾病的檢查、新冠肺炎感染症狀的檢查上了。

過去的超音波診斷機一臺大概要200萬日圓，不過Butterfly只要過去的十分之一，2000美元即可（約20萬日圓），而且他們不是採用一次性賣斷，而是使用了訂閱制，裡面包含雲端的使用費。針對非洲等新興國家，他們也給予了更優惠的價格。

二〇一九年，他們在美國取得ＦＤＡ（美國食品藥物管理局）認證，也開始進軍非洲及中南美洲。比起現有產品更便宜，且可以利用訂閱制使用，ＵＩ（使用者介面）也對使用者非常友善，讓人大感佩服。

這是一項新的醫療儀器商業模式，因此一口氣躍升為獨角獸企業，這也可以說是醫療儀器的跳躍式創新。

而最重要的是，能夠獲得大數據。在開發ＡＩ時，包含教師的數據在內，能夠收集到多少實際數據，能夠讓ＡＩ學習到多少東西，是極為重要的一件事，否則ＡＩ就無法愈來愈聰明。

無人機新創企業 Zipline 可以獲得極高評價也是得益於每天２００航次的實際商用飛行，無人機的頭腦也是，愈飛愈聰明。可以得到累積數據的機會是一項強大的優勢。

這些新創企業之所以選在非洲開始提供正式的商用服務，是因為沒有既得利益者及法規限制少，可以累積大量數據。如果是像日本這種，不得飛行於東京23區上空、只能在人員視線內飛行、必須事前申請、萬一運載物品掉落如何處置等處處受限的環境之下，必須花費大量時間才能累積數據，就會在競爭中落敗。

Butterfly 的商用服務目前僅限於12座都市，接下來才要展開正式推廣，不過已經受到很大的關注了。可以拍下肚子裡胎兒的影片，也可以用自己的手機看影片，因此成為了婦產科的熱門服務。

直播購物讓「非洲版抖音」急速成長

在新冠疫情大流行之下，非洲也有好幾個國家實施封城，在那期間，下載次數急速增加，開放下載後1.5個月內下載數就成長為三倍的APP就是「Vskit」。

Vskit被稱為「非洲版的抖音」，在非洲年輕人之間廣為流行。

雖然在日本不是太大的話題，不過抖音之所以在中國等地受到歡迎，是因為不僅可以上傳好玩的影片，還有一項功能是可以用影片的方式介紹自己喜歡的東西，如果有人購買的話就能得到聯盟行銷的分潤（手續費），這種方式已經成為目前全球最先進的行銷手法了。

在日本，能夠靠網路賺錢的人僅限於知名YouTuber，但是中國不僅有YouTuber，還出現了被稱為KOL（Key Opinion Leader，意見領袖）、KOC（Key Opinion Consumer，關鍵意見消費者）的人。

這些人透過抖音和淘寶直播（Taolive）的畫面，直接在直播中賣東西，然後獲得大額的分潤。

新冠肺炎大流行之下「非洲版抖音」下載數急增

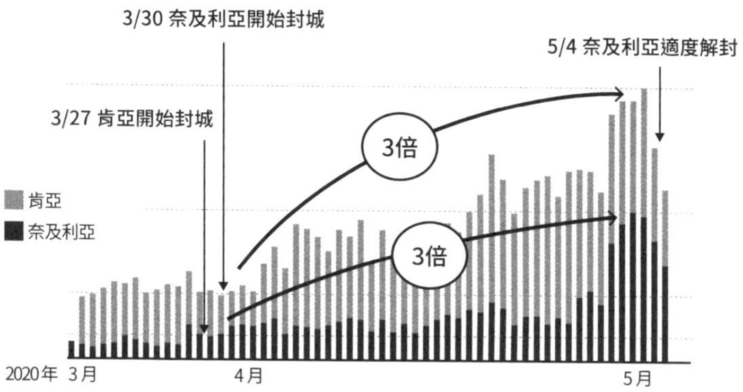

備註：下載次數未公開。肯亞的封城以奈洛比都市生活圈為對象，只有夜晚禁止外出；奈及利亞的封城則以拉哥斯、阿布加、奧貢州為對象完全禁止外出，不過適度解封後只在夜晚禁止外出。

出處：AAIC 根據 App Annie 等各種報導製作。

現在中國的市場已經完全轉換成這種直播購物／KOL、KOC購物了，全球也開始逐漸以這種方式為主流，而同樣的事情也在非洲發生。

事實上，某個奈及利亞的學生說，他以擔任Vskit的線上廣告模特兒賺取生活費。二〇一九年10月時，他的粉絲有16萬人以上，和中國等地相比雖然還只是小數字，但這樣的年輕人正如雨後春筍冒出。

經營Vskit的公司Transsnet是非洲最大手機製造商傳音控股（Transsion Holdings）和網易（中國大型網際網路公司）的合資公司，他們將在中國成功的模式先一步搬到了非洲。

Vstik為了確保內容的品質，已經安排了專門的團隊管理當地的KOL，也會定期舉辦各種競賽，選拔有潛力的人才培育成KOL，並和當地的影像工作室及藝人經紀公司合作，增加短影片的創作者。

Vstik幹部表示，非洲幾乎沒有集結KOL／KOC的MCN（Multi-channel network，多頻道聯播網），所以Vskit就必須擔負起MCN的功能。

非洲的電視廣告也會急速減少嗎？

日本很少報導近年來中國出現的一項驚人現象，那就是電視廣告正在急速減少，幾年來，電視廣告市場從約3兆日圓減少到約1兆日圓，只剩三分之一。相反地，網路廣告則成長至約7兆日圓規模。

現在在中國，豐田汽車和資生堂都已經幾乎不播放電視廣告了。日本的電視廣告市場為1兆5000億日圓，雖然在二〇一九年被網路超越，不過規模是差不多的，可是在中國卻敗退至三分之一，事實上，就算看中國的電視廣告，也只剩下以老人家為客群的廣告，或是地方公部門的旅行宣傳廣告而已。

中國人原本就有不相信媒體，而是相信口耳相傳的習慣，在買東西時會依照消費者評價來買，而將這個習慣轉化成影片的，就是抖音和淘寶直播，KOL和KOC出現在影片中，只要說「這個好」，消費者就會在電商網站按下購買鍵。

雖然整個架構就只有這樣，但細節卻做得很好，看直播時，會出現真實朋友的名字，「某某人買了本項商品」，或是「某某人按了讚」等個人資訊不斷跳出，這和電視購物不同，是網路才做得到。

例如二〇一九年十一月十一日（雙11），某個知名男性KOL在六個小時的直播中，賣出了3600萬條口紅。他原本是萊雅實體店面的美容顧問，但現在中國稱他為「口紅王子」，據說年收入超過30億日圓，這已經不是日本的YouTuber足以比擬的程度了。

KOL和KOC只要在影片中介紹，馬上就能賣出商品，而且誰買了商品從使用者名稱中也看得出來，所以比起宣傳效果薄弱的電視廣告，廠商也開始轉向了這樣的宣傳方式。「製作好看的節目，提升收視率，然後在其間安插廣告，讓消費者到實體店面購買」，這樣一連串的刺激購買方式，在中國已經消亡了。

比起這樣的方式，和KOL或KOC一起製作商品，然後由對方宣傳，直接在網路販賣，這麼做不需要節目、不需要廣告、也不需要廣告代理商。

而現在，出現了集結KOL、KOC的經紀公司，名為美腕的大公司旗下有5萬人，雖然像口紅王子那樣有3700萬人以上粉絲的KOL還很稀少，不過他們已經擁有大量的頂尖網紅預備軍。

消費模式已經完全改變了，可以說中國現在是有「10億間通訊購物商」的狀態。

而這股風潮也吹到了非洲。

在日本，這樣的模式規模還不大，主要原因在於利用電商購物的比率低、高齡者占多數、並沒有那麼信任消費者評價、既有的大型電商（樂天、日本亞馬遜等）並沒有引進這樣的販售模式等等。

我認為反而是非洲更有可能早一步拓展KOL及KOC商機。

Chipper Cash的功能

出處：AAIC 根據 Chipper Cash 官方網站資料製作。

超急速成長！海外匯款免手續費服務

創辦人 Ham Serunjogi 為烏干達人，從美國大學畢業後，二〇一七年創立的就是「Chipper Cash」，公司位於舊金山，不過商用服務則於迦納、肯亞、盧安達、坦尚尼亞、烏干達、奈及利亞等地推展（二〇二一年一月資料）。前NFL的喬・蒙坦納投資該公司也成為了話題，現在該公司正以驚人的速度急速成長。

營業項目為非洲跨國交易P2P支付網路，這項服務提供利用手機跨國個人間匯款，並且免手續費。

先前已經提過行動支付「M-PESA」在肯亞創造了4兆5000億日圓規模的交易額，不過M-PESA有兩個問題，一個是無法國際匯款，雖然能夠在肯亞國內匯款，但無法匯到國外去。

利用App在八個國家間國際匯款免手續費

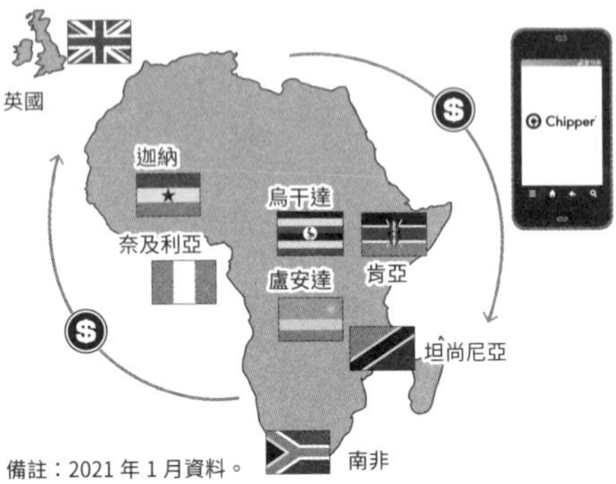

備註：2021 年 1 月資料。
出處：AAIC 根據 Chipper Cash 官方網站資料製作。

另一個問題是，M-PESA是Safaricom的服務，因此難以匯款到其他電信公司的手機上，這和在日本的NTT docomo儲值的金額無法轉移到au使用一樣，而克服了這兩點問題的服務，就是Chipper Cash。

使用方式很簡單，首先下載APP，然後利用行動支付等方式存錢進去，只要對方也下載APP，就可以免手續費在非洲和英國等合計八個國家（截至二〇二一年一月資料）之間匯款。

Chipper Cash的收益來源有兩個，一個是國際匯款時的換匯手續費，一個是使用者想要從已經儲值的APP向其他公司支付如手機費等費用時的手續費，後者和日本的PayPay一樣，會向收款公司的加盟店收費。

一般的國際匯款會透過由銀行組成的SWIFT全球性組織進行，不過手續費一次會收取40美元。

Chipper Cash的平均匯款金額是50美元，如果透過銀行匯款，光手續費就要40美元，沒有人會這麼做，而且非洲還有近八成的人沒有銀行戶頭，因此根本無法透過銀行匯款。

使用 Chipper Cash 只要雙方都有該錢包 APP 即可，而且可以選擇從錢包 APP 裡將餘額還原為現金，或是直接到接受 Chipper Cash 支付的店家使用也可以。

真正的需求×正確的服務＝爆紅

這項服務已經開辦約兩年了，第一年完全免費，等到使用者增加到一定程度後，便開始收取換匯手續費，即使如此，使用者還是以加速度式成長。

之後，因為新冠疫情讓移動受到限制，成長速度就更加快速了，到達每個月匯款金額有數百億日圓的規模。

Chipper Cash 未來前景仍將一片看好。在國外的金融科技界，擁有 1000 萬使用者，且達到 1 兆日圓規模之後，就會被稱為「老大哥」（Big Brother），而以 Chipper

Cash 的成長速度，將在數年後達成。

Chipper Cash 急速成長的背景，有很大一部分得利於新冠疫情導致大家窩在家中，因此國際匯款的需求大增。也有一些需求是要匯款給家人，或是因為生病了希望親友匯款支援。

創辦人還只有25歲，他做的事並非極度困難的事，只要提供正確的服務給有真正需求的人，生意就會大爆發，這就是非洲。

未來如果再開放向美國或中國的個人匯款的話，營業規模應該會再進一步成長。日本也曾針對無現金支付沸沸揚揚了好一陣子，為了提高使用率，究竟花費了多少行銷費用？國家甚至還給予補助，而 Chipper Cash 幾乎沒有花錢在行銷上，他們是以使用者口耳相傳為主。

如果是「這個好用」的服務，即使不用行銷，也可以馬上爆紅，因為具有「本質上的需求」，也就是說使用者擁有國外匯款的需求。另外就是 M-PESA 等行動支付在國內已經普及了，所以匯款到國外也可以像使用 M-PESA 一樣簡單、可以跨電信公司匯款，提供這樣的解決方案就是 Chipper Cash 成功的原因。

順帶一提，匯款限制是依照各國的行動支付規定，例如肯亞一次約15萬日圓，一天的金額上限為約30萬日圓。為了防制洗錢，他們設有第一次使用必須先上傳ＩＤ圖片接受審核的系統。

使用者使用的服務有半數是匯款給家人，剩下的是微型企業的匯款，例如從肯亞購入布料，在盧安達製作服飾，付款時就用Chipper Cash。

大多數都是一次數萬日圓的小額匯款，因此Chipper Cash就已經夠用了。

一年就達成日本花了40年建立的全國物流系統

在美國賓州大學華頓商學院留學，曾任職於摩根大通及奈及利亞優步（Ｕｂｅｒ），二〇一七年於拉哥斯創業的31歲奈及利亞創辦者，創立的「Kobo360」是Ｕｂｅｒ型的物流，現正飛躍性地成長。

非洲的貨車貨運業界，目前狀況正如第二次世界大戰後的日本，多數都是小規模的貨運公司，旗下的貨車數平均為1至2輛，並沒有擁有數百輛貨車，可以跑遍全國的貨運公司，他們還沒有像日本的日本通運或佐川急便這樣大規模覆蓋全國物流網的物流公司。

可口可樂、聯合利華、寶僑家品等國際大型企業已進軍非洲最大的國家奈及利亞，並在沿岸區建有工廠，他們需要將製造好的產品送往內陸，但公司的貨車又無法載運所有的產品。

如果是日本的話，只要委託大型貨運公司，這個問題就解決了，可是奈及利亞沒有大型物流公司，只好和數十間小型貨運公司合作，分配載運量，每天都要用電話或What's APP詢問「你們有空車嗎？」、「可以送某某地嗎？」、「那件貨物在哪裡？」。

這是非常累人的工作，而且如果貨物不夠多，或是空車返回的話效率就會很差，當然也有發生意外或遭竊的風險，也有途中被盜賊攻擊的風險。

解決這些五花八門問題的，就是Kobo360，他們提供貨主與中小貨車貨運公司的配對平臺，貨主與貨運公司，去程或回程，一切都在網路上自動配對。

加盟Kobo360的貨運公司有很大的優勢，過去要三到四個月才收得到的運費，現在會在送達後幾天由Kobo360支付，他們不再需要請款和催款，款項會在短時間內入

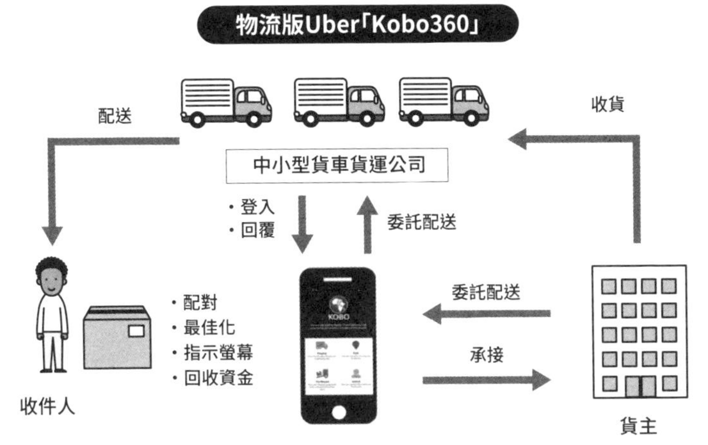

出處：AAIC 根據 Kobo360 官方網站資訊製作。

帳，讓資金運用更有彈性。此外，加盟之後貨車上會裝設螢幕，提供運行紀錄、運行狀況、最佳路線指示等資訊。貨運公司最大的煩惱，也就是尋找客戶、回收資金、駕駛員管理等作業一切都由這個平臺代為處理，也因此，在短短一年內，就有約1萬間公司加入了這個平臺。

不僅如此，加盟Kobo360後，在合作的加油站加油可以享受八折優惠，也可以用較低價格購買保險及輪胎。當然，加盟的貨車全都裝有GPS和行車記錄器，這麼一來，不但可以知道貨車目前的地點，遇到意外或糾紛也可以留下影像，在提升安全性的同時，也減少了竊盜及詐騙，還可以即時知道貨物在哪裡。

貨艙上裝有智慧型鑰匙，駕駛員無法任意開啟，電子鑰匙會寄到收件人的手機，再以手機開啟貨艙，簽收時也是使用電子簽名。這麼做，不但大幅提升了產能，也做到了大量減少意外及糾紛。

像這樣，在短短一年裡，就打造了可以覆蓋奈及利亞全國的貨車運送網路。

事實上日本在第二次世界大戰後，是由每個縣各自發放貨車駕照，小型貨運公司各自為政，而花了30至40年才漸漸打造出有全國網路的公司，就是日本通運和佐川急便等大型物流公司。日本花了大概40年才做到的成就，Kobo360只花了一年就成功了。

這是一個貨主和貨運公司雙贏的系統。

現在Kobo360也正在其他國家推展業務。順帶一提，高盛集團是他們的主導性投資人。

沒有既得利益者就可以加快創新速度

無人機物流「Zipline」如此、手機國際匯款「Chipper Cash」如此、Uber型物流「Kobo360」也是如此，他們在沒有既得利益者的地方針對「本質上的需求」利用

ＩＴ技術提供解決方案，因此業績爆漲。這就是非洲商業的新精髓。

在日本，因為新冠疫情大流行而受到嚴重打擊的計程車公司，就連想要載運貨物都可以吵成一團，結果承擔不便的就是企業和消費者等使用者。還有遠距醫療也是，因為受到醫師公會的強烈反對，因此無法普及。

只要有既得利益者存在，他們為了利益不被搶走，就會使勁大量的力氣來保護利益，所以新的模式發展便會落後，就算有了好的想法，也沒有辦法實現。

美國矽谷的公司從非洲開始發展商用服務，是一件非常合理的事。先在沒有既得利益者的地方成功發展服務，或許之後在總有一天會放鬆管制的已開發國家，也能夠推展該服務。

尤其是使用ＡＩ的無人機或自動駕駛這樣的服務，有需要從實際的服務中不斷改善，因為實際的數據和依據數據做修正和改善是非常重要的一件事，而非洲就是最合適的實驗地。

也因此，非洲才會有可能在幾年內就做到日本花了三四十年達成的事。我認為日本的新創企業還是有很大的機會。

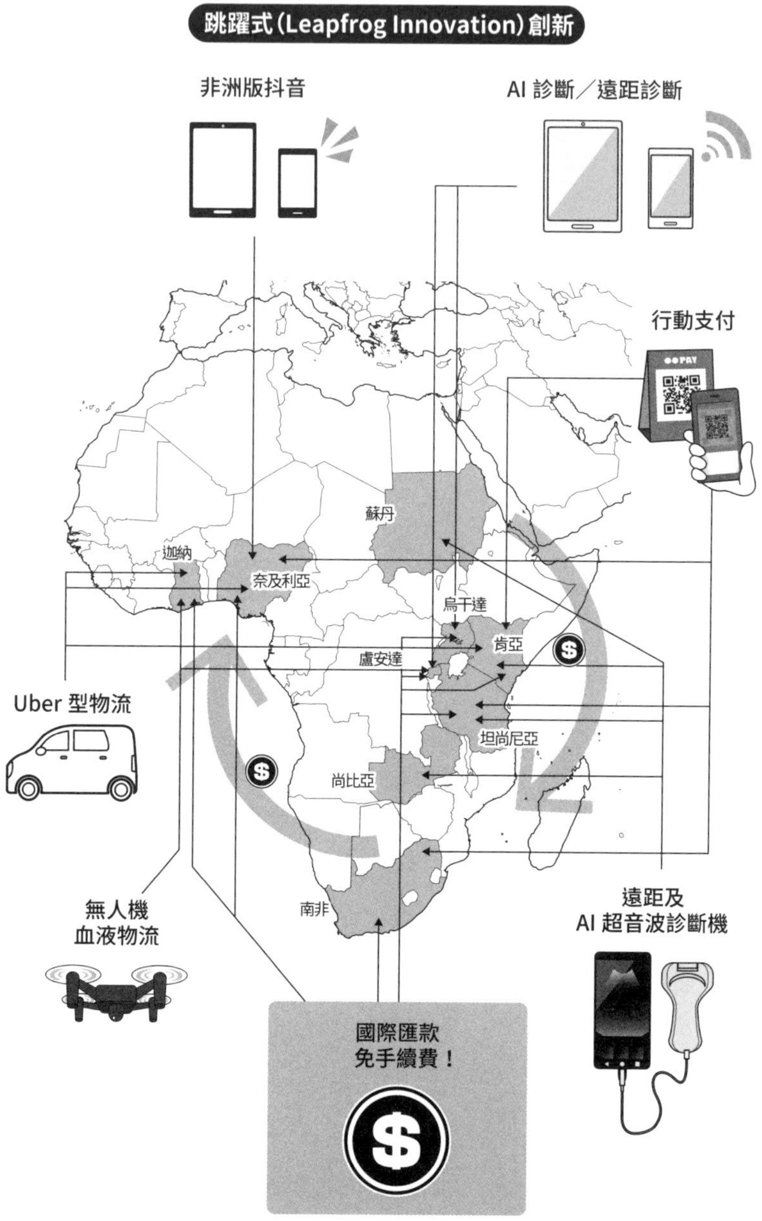
跳躍式(Leapfrog Innovation)創新
非洲版抖音
AI 診斷／遠距診斷
行動支付
蘇丹
迦納
奈及利亞
烏干達
肯亞
盧安達
坦尚尼亞
尚比亞
南非
Uber 型物流
無人機
血液物流
遠距及
AI 超音波診斷機
國際匯款
免手續費！

出處：AAIC 製作。

專欄

非洲的行動支付會撼動國際貨幣？

日本從二〇一九年左右開始，使用手機支付的行動支付方式便成為一股話題，不過雖然說是行動支付，事實上各家行動支付都只是將銀行裡的錢轉匯給自己使用而已。

現在雖然的確可以利用手機匯錢給朋友了，不過那筆金額卻無法轉為現金，更別說是要匯款到國外了。日本的行動支付，還停留在這樣的程度而已，再加上對加盟者來說，手續費經常比信用卡貴很多，因此沒有任何吸引人的魅力。

真正的方便應該是透過行動支付收付的款項可以轉換成現金、免手續費且可以在國際間匯款、對加盟者來說手續費很便宜才對，然而因為規定和既得利益者的關係，日本無法做到上述這幾點。

如果可以用手機簡單且免費匯款到國外，一定會有很多人感到開心。前面寫到國際匯款要透過SWIFT這個組織，手續費要花約40美元，但是和國外的對象有小額金錢來往的人必定不少。

像是與出版有關的，照片的去背似乎都是外包給印度處理，在日本要花費數千日圓的去背費用，印度只要一兩百日圓就能搞定，可是為了支付這筆勞務費，卻會被收取報酬的數倍、數十倍國外匯款手續費，仔細一想，這是一件很怪的事。如果有像「Chipper Cash」這樣的服務，就可以更簡單向國外支付費用。

而且如果日本也有「M-PESA」這樣的服務，可以支付小額報酬的話，那就不再需要銀行戶頭了。可是現實卻存在著不樂見此情形的既得利益者，以銀行來說，一旦失去收入大宗之一的匯款手續費及國外匯款手續費，對他們的業績來說是一大打擊。

反過來說，就是新科技的登場，會讓不再有需要的既有功能及服務漸漸現出原形。實際上，銀行的分行數正在大幅減少，ATM也在減少，從便利商店就可以提款，有愈來愈多人認為使用行動支付就夠了，或許有一天ATM會完全消失不見。

再進一步推論，總有一天已開發國家也可以使用Chipper Cash，當行動支付和數位貨幣成為日常時，就會出現幾國歡樂幾國愁的情況。感到憂慮的會是美國，而開心的大概是中國。

美國因為美元是國際貨幣，所以享受到了大量的好處，甚至以保護國防安全為由，強烈攻擊華為等企業，並加強限制。為什麼美國可以掌握華為的交易？原因就在於他們掌管了SWIFT系統。

SWIFT是國際匯款的平臺，隸屬於美國的管轄，只要看了SWIFT，就能馬上知道華為等企業的交易對象，北韓及伊朗的資金流動也是同樣的道理。

只要一天使用SWIFT系統，所有的金流就都逃不過美國的眼睛，在這個情況下出現的需求，就是如何不透過SWIFT進行國際匯款。

而延伸出去的，就是數位人民幣，引進數位人民幣，讓國外匯款可以不使用SWIFT。

中國占世界貿易的大約兩成，也許在中期，這些貿易都將可以使用數位人民幣付款。現在以人民幣支付的國際付款為數%，而美元則占八成以上，不過將來國際支付貨幣轉為兩成是數位人民幣，美元降為五成，似乎也不再是個虛幻的夢想。

臉書表示要發行加密貨幣「Libra」時，是否要免國外匯款手續費曾引起一陣熱議。雖然「Libra」（現在改名為「Diem」）還沒能實現，但非洲已經開始提供了免手續費的個人之間國外匯款服務。

而且是平均匯款金額在50美元左右的個人匯款，難以想像會有人透過SWIFT多花40美元手續費，更別提許多人根本就沒有銀行戶頭。

在這個領域也很有可能發生跳躍式創新，不需要銀行，國外匯款也免手續費。當這件事成為日常時，將有可能為全球的國際貨幣帶來極大影響，這顆種子正在非洲靜靜地成長發育中。

非洲小常識④解答

問題一 **肯亞的行動支付「M-PESA」普及率為多少？**

③成人的96％

問題二 **在盧安達（人口1200萬人），接受遠距醫療看診的人數有多少？**

③累積240萬人／人口的20％

第5章

非洲是全球最熱絡的醫療科技市場

新創企業

非洲小常識⑤

問題1 **非洲有多少間獨角獸企業？**

①以晚印度10年，晚中國25年的速度增加中
②以晚印度20年，晚中國35年的速度增加中
③以晚印度30年，晚中國45年的速度增加中

問題2 **奈及利亞最大的電子病歷公司 Helium Health 的執行長最高學歷為？**

①牛津大學
②約翰霍普金斯大學
③拉哥斯大學

非洲獨角獸企業數的變遷

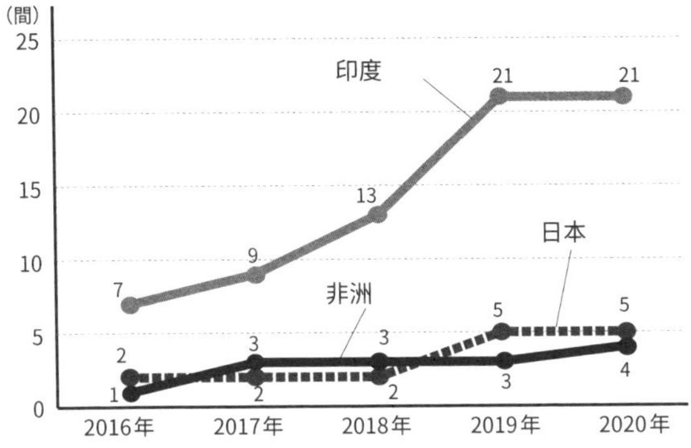

出處：AAIC 根據 CBINSIGHTS、STARTUP DB、AICC 調查等資料製作。

在矽谷萌芽，在非洲擴大的商機

非洲的新創企業現在正受到極大的關注，在各領域的業界中，有愈來愈多新創企業正在實踐非洲特有的獨創商業點子以及創新。

現在非洲的獨角獸企業（市值超過10億美元的新創企業）有4間（二〇二〇年統計），但之後將會不斷增加，想要追上擁有約20間獨角獸企業的印度，不會是太遙遠的未來。順帶一提，中國約有120間，美國約230間，而很遺憾地，日本只有5間。

我不但運用非洲的醫療照護基金，也相當關注與醫療照護相關的新創企業。為了應對新冠疫情、制定SDGs（永續發展目標）政策，以及科技的進步，產生了眾多的創新。在這一章，我想介紹五間現在最熱門的醫療照護界的新創企業。

在前一章也介紹過，非洲有當地人發起的商業，也有歸國海外僑民經營的商業，還有「矽谷萌芽，在非洲發展的商業」，非洲的創業者有許多美國留學生。

就讀當地大學，畢業後馬上創業的人，就撒哈拉以南非洲來看，除了南非之外這樣的人還是極少數。肯亞自二〇一五年左右開始，出現了許多育成辦公室，我們也加入了其中之一。之後想要自己創業的年輕人愈來愈多。

肯亞當地大學的升學率大約是11%，和50年前的日本相同水準，創業很困難，就業也很困難，因為適合大學畢業者的工作環境還很稀缺。

雖然有很受歡迎的公務員及外商公司，但是名額很少，當地的銀行也是熱門職缺，不過這也是一道窄門。肯亞的大學畢業生起薪平均為每個月350美元，和工廠勞工或日薪勞工相比是高薪，但問題就是職缺稀少。

在這層意義上，今後的新創企業受到了很大的期待。

Flare・調度民營救護車的平臺

首先介紹的新創企業為「Flare」，他們從二〇一五年開始於肯亞營業，經營民營救護車的調度平臺。

非洲大部分的國家都沒有國營救護車出車服務，就算打了相當於119的緊急專線，救護車也遲遲不出現，幾乎沒有發揮功能。雖然有些醫院擁有救護車，但必須要直接打電話到醫院去救護車才會出車。

而且就算叫了救護車，在肯亞，有時候也要花上兩三個小時才能抵達救援現場，不少傷病者就死於這段期間，因此，Flare 以奈洛比為中心，將醫院等院所名下的救護車網路化，打造了一個調度平臺。

只要利用這個平臺，當有人撥打急救

創辦人瑪麗亞（Maria Rabinovich）和凱特琳（Caitlin Dolkart）

Flare 的救護車調度平臺

專線時，就可以調度最近的救護車出車，也可以根據症狀，確認適合的急救醫院是否可以接手，迅速將傷病者送醫。

創辦人是來自美國的瑪麗亞和凱特琳，瑪麗亞負責技術架構，建立了這套系統，這套系統也被稱呼為「Uber型救護車模式」。

需要急救的患者，或是相關人員撥打專線，Flare就會以GPS定位，找出註冊在平臺上最近的救護車。以肯亞的首都奈洛比為中心，已註冊的救護車已經超過百輛。

活用Google地圖，提供最佳路線，也可以明確得知患者的位置，並根據患者的狀況判斷及指示該送往哪間醫院。二〇一九年，Flare獲得「Not Impossible Commitment Award」Wild Card類別的獎項，這個獎項的用意在於表彰利用科技改善全球各方面問題的企業。二〇二〇年，他們應對了3000件以上的急救需求，現已成為當地不可或缺的服務，是具有SDGs中拯救性命要素的新創企業。

LifeBank：專門運送血液的服務

接下來要介紹提供專門運送血液服務的「LifeBank」。先前已介紹過利用無人機載運血液的「Zipline」，不過Zipline的事業版圖在盧安達及迦納，LifeBank則是在奈及利亞的各個都市發展運送血液的事業。

LifeBank運送血液服務的流程

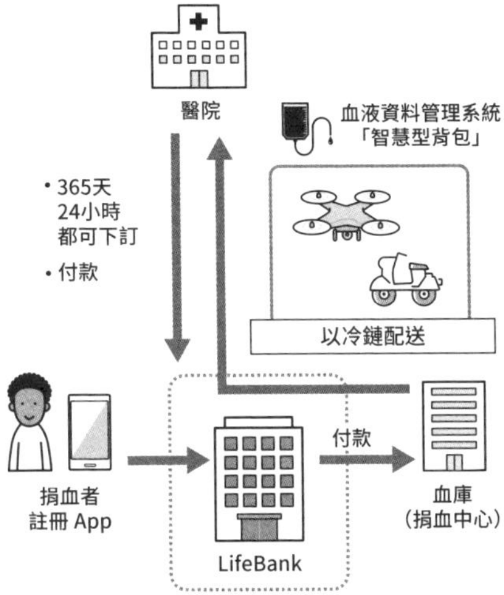

出處：AAIC 根據 LifeBank 官方網站及各項報導製作。

LifeBank是奈及利亞運送血液最佳的公司，他們連結了約60間血庫及超過800間的醫院，一年三百六十五天、每天24小時，確實管理溼度，然後用摩托車運送血液。不只血液，他們現在也運送氧氣、疫苗、醫療耗材等商品。

開創這項事業的，是奈及利亞女性德米，她小時候便搬到美國，並自伊利諾大學畢業。

特別的是，有5000人以上註冊為願意提供血液的捐血者，因此可以迅速向捐血者抽血。

血液會放在稱為「智慧型背包」的特殊背包中，嚴格控管溼度也是他們的特色之一，並且具有可以控制時間，知道幾分鐘內能夠送達的設計。

Zipline 和 LifeBank 都是因為能夠理解非洲人民的煩惱事由，因而誕生的商業模式。已開發國家有公營的血庫，可是非洲還沒有這樣的機構，如果沒有察覺到大量民眾為此而煩惱，就不會想到這樣的生意點子了。

血庫在全球幾乎都是由公營組織經營，可是非洲還沒有這樣的心力，所以才會出現支援這項業務的民營公司，這是深刻理解非洲現況才有的商機。

創辦人菲米（Femi Kuti）

Reliance HMO：靠著新創醫療保險企業而成功

第三間是「Reliance HMO」，是網路上的專業醫療保險公司，透過數位化，提供既有市場所沒有的全新醫療保險服務。

創辦人菲米從奈及利亞的醫學系畢業，成為醫師，任職於倫

利用醫療保險數位化轉型降低成本及防止詐領保險金

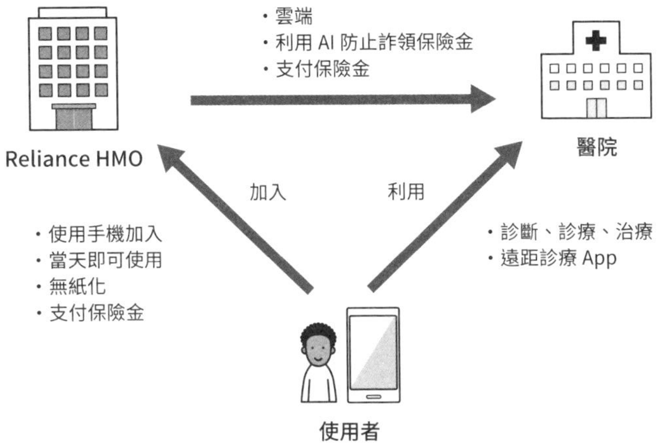

出處：AAIC 根據 Reliance HMO 的官方網站資訊製作。

敦的高盛集團，擔任醫療照護相關的分析師。二〇一五年於奈及利亞創業，一開始營運內容是遠端醫療，但在二〇一七年轉換為網路醫療保險服務，現在正大幅成長。

簡單來說，這是個只需要利用手機就能加入的醫療保險服務，繳納額度最低一個人一個月約1000日圓。奈及利亞的政府醫療保險普及率只有3至4%，約有八成國民沒有保險，金字塔頂端15%的人（約3000萬人）會自行加入商業醫療保險。

在此之前已有安盛等外商保險公司進入市場，Reliance HMO雖是後起之秀，但在提供服務不到2年的時間，已經有超過1萬人參加保險，而人數還正以每個月10%左右增加中。

保險不透過保險經紀人（仲介）販售，而是公司直接提供保險服務，因為是自家的保險產品，所以能夠提供符合消費者需求的商品。

加入保險只要透過手機就可完成，不需要紙張或電腦，這樣的方式大幅降低了作業成本。

事實上，這樣的保險科技在印度等新興國家已經大量出現，可是能夠達到收支平衡的公司卻極度有限，因為理賠金額或各項費用比保費來得更多，其中最大的原因之一就是「詐領保險金」，有很多明明沒有生病，卻申請理賠的案例。

而 Reliance HMO 很成功地預防了這樣的情況，最大的重點在於，保險理賠對象不是保戶個人，而是支付給醫院，這是因為理賠金支付給本人的話，很容易發生詐領情況。

其實理賠金最終的去向會是醫院，所以他們的設計是乾脆直接將理賠金支付給合作的醫院。

而且藉由數位化，從申請理賠到支付的等待期間比其他公司還要短，這樣醫院也可以受惠，所以醫院會建議病人保 Reliance HMO 的醫療險。

除此之外，販售也是以B2B為中心，也就是透過大型企業，提供適合該公司員工的保險，這樣的做法，也減少了詐領保險金的案例。

其他還有只要一年內不出險，最後就可以領回15％的保費之類的優惠。

這是一間用心在配合當地需求，因此而成長的醫療保險新創公司。

Helium Health：EMR（電子病歷）宰制市場

第四間公司是「Helium Health」，這是西非第一大的電子醫療紀錄／EMR（Electronic Medical Records）供應商，簡單來說，就是提供符合當地需求的獨創電子病歷的企業。

在非洲，幾乎所有的醫院都還在使用紙本病歷，現在正處於從大醫院開始引進電子病歷的階段，以奈及利亞為中心，Helium Health已經提供了超過200間醫療機關此項服務，從二〇一六年創業至今，解約率是0％。

除了記錄病情，電子病歷的一大重點是與醫療收據及申請保險理賠環環相扣，所以

Helium Health是西非第一大的EMR供應商

在新冠疫情流行期間，提供醫院內的預約、檢查、診斷、分級、住院、治療、康復，一直到事後追蹤的系統

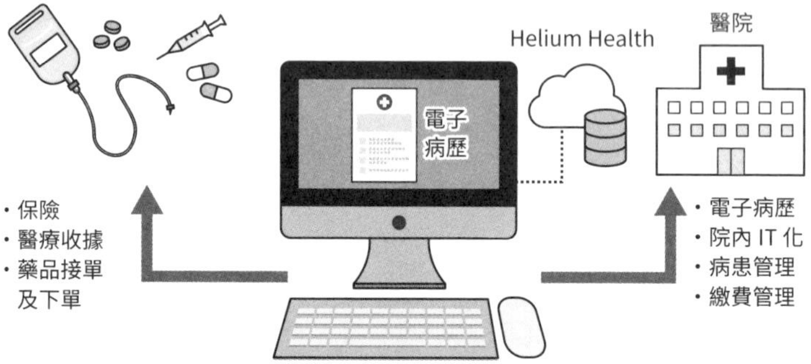

出處：AAIC 根據 Helium Health 官方網站的資料製作。

需要媒合在當地販售的藥品以及當地的保險公司。

Helium Health 最佳化適合當地的醫療環境，做出與已開發國家商品的差異化，除此之外，還提供諸如醫療消費者的支出分析、醫療需求、醫療機關的財務狀況、與醫療金融業者經營方式相關的資料等廣泛的EMR解決方案。

日本的電子病歷大多採賣斷的方式，引進之後生意就結束了，不過 Helium Health 則是以雲端為基礎，加入現在流行的訂閱制。

所以病患的病歷愈多，每個月累積的收入也就愈多。

而低解約率的原因在於引進系統之後，資料就會不斷累積，競爭對手很難輕易地搶下這個客戶，而且如果換供應商，已經輸入的資料就要轉

換成其他格式，這意味著有大量從零開始引進電子病歷的醫院，對最早進入市場的公司有極大的優勢。

而且 Helium Health 在保護個人資料的前提下，提供簽約醫院可以自行活用收集到的資料的條款，也就是說醫院可以活用醫療大數據。

創辦人阿帝勾哥
（Adegoke Olubusi）

美國有一間名為 Practice Fusion 的公司，提供免費電子病歷席捲了整個市場，因為是免費的，所以取得了美國電子病歷市場過半數的市占率，而該公司之所以能夠免費提供服務，就在於活用醫療大數據，他們以醫療大數據為本，和製藥公司做生意，尤其是罕見疾病的藥物臨床實驗，有了龐大的電子病歷後，就可以迅速找出實驗候補者。

日本有將近20間的電子病歷公司，病歷格式相容化幾乎沒有進展，現在才剛由政府主導開始討論。

創辦人阿帝勾哥是美國約翰霍普金斯大學的畢業生，擁有在 eBay、PayPal、高盛擔任工程師的經驗。

VitalRay：專業檢查中心的獨特商業模式

最後要介紹的是肯亞的「VitalRay」，這是東非規模最大的專業檢查中心，以磁振造影及斷層掃描等大型檢查機器為主，是特別著重於檢查的醫療中心，現在使用的機器是東芝製造。

日本是全球磁振造影及斷層掃描最普及的地方，無論是從人口數來看，或是每一間醫院平均分配到的臺數來看，都是全球第一。因為這些檢查的保險點數很高，所以銀行也很積極給予融資引進磁振造影或斷層掃描機器，因此診所一間接著一間引進磁振造影或斷層掃描機。

可是一臺要價數千萬日圓的大型檢查機器，非洲的普通醫院根本買不起，所以才會出現專門提供大型機器的檢查中心，而創設此中心的就是新創公司VitalRay。

事實上我曾經在盧安達骨折過，當時相當疼痛，所以經由盧安達當地人介紹，去了盧安達最大的醫院，可是對方卻告訴我：「我們這裡沒有X光機（已經約滿了？），所以請你到外面的檢查中心拍完拿片子過來。」

對方所說的外面的檢查中心，就是位於盧安達的專業檢查中心，我在那裡拍好X光片後，再拿著片子回到醫院。這是在日本沒有遇過的經驗，所以我很驚訝，不過那間檢查中心滿滿都是等待檢查的病人，我覺得這樣使用機器確實比較有效率。

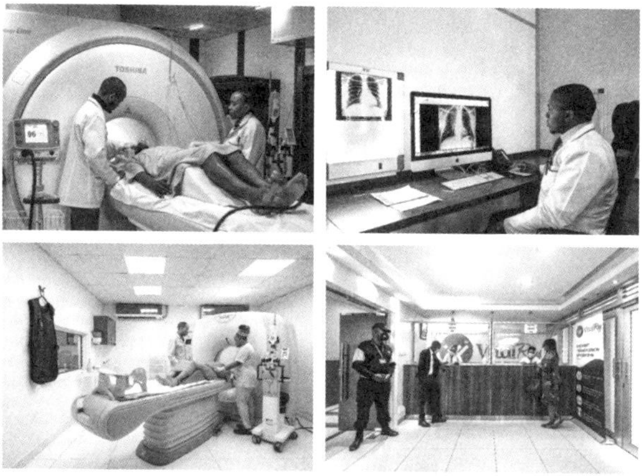

VitalRay 的專業檢查中心

因為許多醫院沒有大型檢查機器，所以才會請病患到 VitalRay 經營的檢查中心去，另外專業的醫事放射師很也少，這麼做會更有效益。

其實日本的磁振造影／斷層掃描雖然是全球最為普及，但運轉率卻也是全球最低，平均一天只會運轉兩到三次。

但是在 VitalRay 的專業檢查中心，機器的使用率則是日本的五倍以上，已經將機器使用到製造商說不能再繼續用下去的運轉上限，這才是有效率。

這個意思是，採用這種分流制度的檢查中心非常合理，低運轉率的高價大型檢查機器，根本不需要每間醫院都買一臺。

順帶一提，我在盧安達的骨折，先在當地醫院由醫生處置，打好石膏做固定，之後回到日本去醫院時，日本的醫生說石膏固定得很牢靠，處置做得非常好。

我本來還很擔心將來會不會不能再運動了，不過現在可動範圍完全沒改變，一點問題也沒有。

馬雲為何要兩度造訪盧安達？

二〇一九年十一月，非洲商務英雄獎（African business hero awards）在迦納舉辦，在這一屆獲得第一名優勝的，就是專門運送血液的服務「LifeBank」。

請看上方照片，站在中央女性創辦人旁邊的，是一位似曾相識的男性，這位男性就是中國阿里巴巴的創辦人馬雲。

馬雲不只到了迦納，他還曾經兩度造訪盧安達。從商界退休的中國新創企業圈名人馬雲，為什麼會出現在非洲？為什麼會來到盧安達？這也是因為他嗅到了非洲商機的潛

出席迦納商務活動的馬雲

力。

所謂「時光機經營」，意思是即使將在已開發國家、中國或印度成功的商業模式搬到非洲，也依然具有很大的潛力。將來在非洲，不論是萌芽自國外，或是發展自當地的新創企業，都會如雨後春筍般愈來愈多。

另一方面，非洲也存在艱難的商業領域，這是因為與已開發國家相同，該領域已經有了既得利益者，那就是自古以來就有的代表性產業和業界，例如資源開發、酒類販賣、汽車販賣、咖啡、紅茶、可可亞和換匯。

要從零開始在非洲開創新事業，可想而知很困難，有一個方法是從投資開始入門，有愈來愈多日本企業投資非洲作為公司內部CVC（企業創投）及SDGs（永續發展目標）的其中一環。

無論如何，就像第二次世界大戰後的日本經濟急速成長一樣，非洲也毫無疑問地持續成長中，當然這伴隨著風險，但我想也是同樣大有機會。

專欄
「做好理所當然小事」的重要性

在非洲待久了之後，有些事想要再次慎重傳達給日本人，那就是在非洲經商最大的重點在於「做好理所當然的小事」。

要做好「日本商務中認為理所當然」的每一個小細節。我想說的就是這件事，意思是這些理所當然的事在非洲都做得還不夠完善。

例如遵守時間、簽訂合約、發生問題要找人商量、管理庫存、管理進貨、設定目標、朝著目標努力、做好每週工作管理等等。

在日本也一樣，成功的公司這些細節都會做得很確實，只要在非洲認真實踐這些事，無論是餐飲業或零售店或服務業都可以成功。

這也是住在非洲五十年的佐藤芳之先生經常說的話，「過去的成長環境讓每個人的理所當然都不一樣」，我認為這就是重點，尤其是日本與其他國家比起來，「理所當然」的程度大不相同。從兒童時代開始「要守時」、「要遵守約定」、「不要給別人造成麻煩」、「要和別人好好相處」，都是父母或學校經常耳提面命的事，而這就是在無形中形成的「理所當然」。

餐飲店在這方面會遇到很大的難題。過去展店的數量必須取決於在當地有多少家人，這種經營方式在新興國家很普遍，也就是說，收銀機只能交給家人管理，因為交給家人以外的人會有風險，不只是收銀機，進貨及庫存也必須做好確實管理。

先做好會發生這類型風險是「理所當然」的心理準備，再開始規劃生意是非常重要的一件事。

對於負責業務的員工，不要給予固定月薪，而是採用業績且有收回制度的獎勵制為主；若員工是商店店員，就要明確定立規則，像是遲到幾次就調降薪水；管理庫存則是由管理負責人帶著鑰匙，每天早中晚確認，進貨則要雙重確認等等。

還有錄取員工及教育訓練也非常重要。錄取年輕優秀的人才，讓他們理解公司願景、工作的意義和喜悅，把他們當夥伴一樣信任並一同工作，我想這些無論在世界的哪個角落都適用。

即使在日本，知名銀行行員盜用款項、公務員侵占公款等事件層出不窮，將非洲的情況當成這類問題就可以了。這是讓員工有機可趁的人的錯，是管理職的錯，是管理者的責任。日本也有很多說要出去跑客戶，結果翹班去咖啡廳或小鋼珠店的業務，如果是在家工作的話，會有社群網站或影片網站等沒完沒了的偷懶誘因，其實本質上都是一樣的問題。

以前亞洲的商業圈也有很多這樣的案例，讓進軍亞洲圈的企業大嘆無奈，彼此磨合常識及規則是需要花時間的。

我寫成這樣，讀者或許會覺得「那個地方也太讓人頭痛」，但並不是這樣的，只是成長的環境會導致常識及理所當然的程度不同而已，我們到國外做生意，有責任去適應當地。大部分的非洲人不但有上進心，個性也穩定，是非常棒的人，希望大家能夠理解這一點。

非洲小常識⑤解答

問題1　非洲有多少間獨角獸企業？

①以晚印度10年，晚中國25年的速度增加中

問題2　奈及利亞最大的電子病歷公司 Helium Health 的執行長最高學歷為？

②約翰霍普金斯大學

第6章

非洲即將成為巨大的市場

跨國企業

非洲小常識⑥

問題1　韓國三星在非洲的營業額換算成日圓是多少錢？

①5000億至10000億日圓
②5000億至60000億日圓
③1兆至2兆日圓

問題2　跨國化妝品公司萊雅集團進軍了幾個非洲國家？

①30個主要國家中的8國
②30個主要國家中的18國
③30個主要國家中的29國

依照都市發展狀況銷售商品的萊雅集團

非洲已經有許多跨國企業在當地發展，並達到了一定的營業規模，有一些企業是殖民地時代或第二次世界大戰前就落腳，不過更多是隨著非洲經濟發展而進軍該地市場，有策略地拓展版圖。

其中具象徵性的，就是國際性大型化妝品集團，法國的「萊雅」。萊雅集團在非洲推出了旗下主要的六個品牌，不過卻區分不同的品牌打進不同的國家。

如同先前所述，非洲是個巨大的大陸，若只在非洲大陸建立一個據點，卻想要掌握整個非洲，那是不可能的事，畢竟經濟發展程度也完全不同，可是又不可能在每一個區域拓點。

所以萊雅集團現在於核心的五個都市設置直營據點，分別是約翰尼斯堡（南非）、奈洛比（肯亞）、開羅（埃及）、拉哥斯（奈及利亞）、卡薩布蘭加（摩洛哥），這些據點就可以覆蓋非洲東西南北的各個區域。

接著，錯開每一個品牌推出的時間，例如萊雅集團旗下的「SoftSheen-Carson」品

萊雅集團進駐非洲的狀況

直營據點

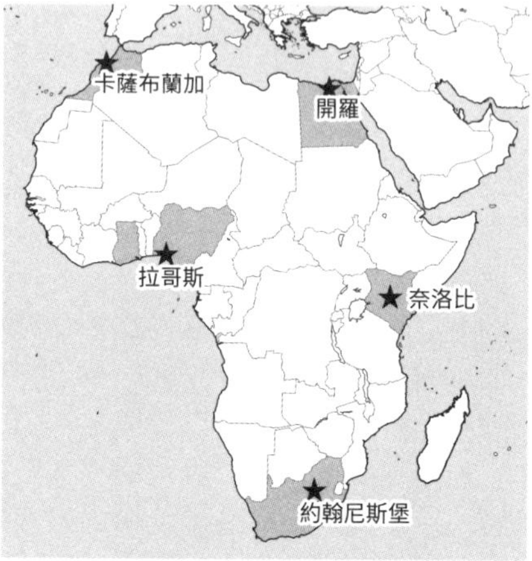

推測萊雅集團打入市場的模式

將非洲定義為消費地區

- 沒有開發及評估部隊

建立地區據點，再滲透到周邊國家

- 在東西南北五個都市設立販售子公司
- 迦納為新設據點

在進軍國家的主要都市建立代理商

- 推測負責當地的進口業務
- 萊雅集團負責行銷

以經濟水準和當地喜好選擇品牌

- 以 SoftSheen-Carson 打頭陣
- 接下來是 L′Oreal、Kerastase、Garnier 等品牌

在重點國家收購當地企業

- 收購肯亞當地企業市占率第一的 Interconsumer Products

出處：AAIC 根據萊雅集團的官方網站資料製作。

萊雅集團推出的品牌價格帶及品牌數

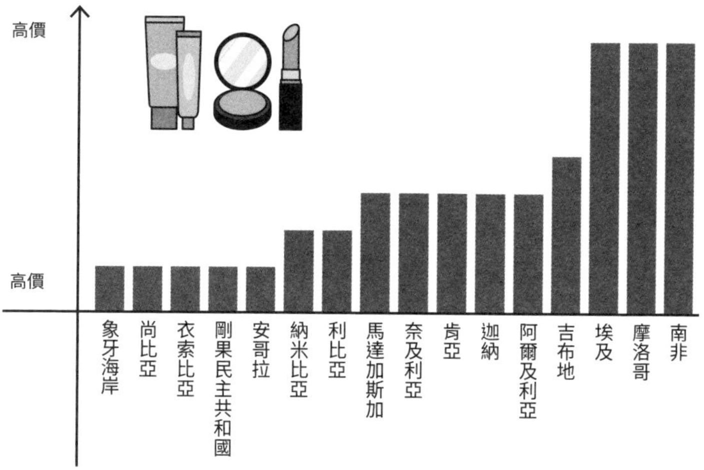

出處：AAIC 根據萊雅集團的官方網站資料製作。

牌，這是主打基礎護髮的牌子，為進軍新興國家打頭陣，在非洲主要的29個國家展店（二〇一四年資料）。

以同樣模式進軍非洲的還有美國的嬌生集團，他們先推出嬰兒油和棉花棒，以這些基礎商品亮相，然後透過代理商流通。

當然並不是這樣就結束了，隨著當地的經濟能力提升，萊雅集團再接連推出下一個品牌。

而推出最高檔品牌「Kerastase」的地方，是五個國家的五個都市（二〇一四年資料），分別是拉哥斯、奈洛比、約翰尼斯堡、開羅、卡薩布蘭加，這正是非洲的主要五個都市，意思是買得起高價化妝品的人就住在這些地區。

售有主要全品牌的地方，是約翰尼斯堡、開羅和卡薩布蘭加三個都市，這是考量到除了當地的經濟水準，還加上了觀光客及國際旅客的需求。

愛馬仕等國際性奢侈品牌也一樣，已經進軍了南非、埃及和摩洛哥，不過還沒有在其他國家推出，他們也是基於這樣的市場判斷。

很可惜，日本的資生堂及高絲還沒有打入非洲市場，非洲的化妝品市場以彩妝品及

三星的事業在非洲成功的重要因素

配合當地狀況開發家電

- 開發可以容許不穩定電力的商品
  例如 MultiPower TV：具 AC 及 DV 電源輸入，比其他商品更能夠容許電力問題
- 非洲大陸的文化特徵為擁有多元文化及語言，因此免費提供多語言頻道

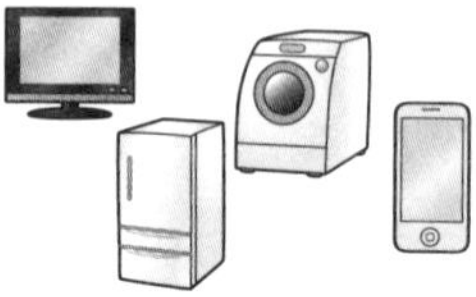

透過回饋社會的計畫建構品牌形象

- 透過 Samsung Smart School Project、Samsung Nanum Village Project、Ghana Female Professionals in Electronics Project 等計畫，成功建構回饋社會的企業、友善非洲的企業等品牌形象

設立當地工廠、雇用當地人以降低成本

- 藉由在當地設立工廠，降低人事費用，以及零件和成品的運輸費以達到降低成本
- 減少外派至當地的人數，增加雇用當地人，除了降低人事費用，也成功在當地打廣告

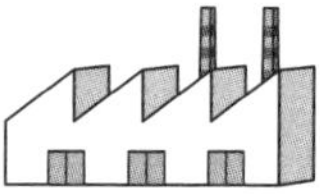

出處：AAIC 根據三星官方網站的資料製作。

香水為主，基礎保養品市場很小，對那些公司來說，比起非洲，中國及其他地方的優先順序更前面，因此我想非洲是他們接下來才要投入的市場，我很期待日本的化妝品品牌之後會如何拓展到非洲。

三星在非洲實現數兆日圓的營業額

集團整體營業額規模達22兆日圓（二〇一九年）的韓國三星集團，也進軍了非洲45個國家，從一九九五年開始發展業務，電視、洗衣機、冰箱等家電，甚至智慧型手機都是他們的主力商品。

他們在非洲的總據點位於南非，生產工

三星配合當地的情況開發家電

Multi Power TV	智能空調 Q9000	Free Satellite TV
可輸入 AC 或 DC 電源，能應對不穩定的電力	電力效率高，可節省 76% 的電費	免費提供多個英語及法與頻道

出處：AAIC 根據三星的官方網站資料製作。

廠在埃及和南非兩國，販售網路則拓展到11個國家（二〇一六年資料），員工超過1000人，光是在非洲的營業額，就已經達到了約1兆至2兆日圓規模。

之後我會再詳細說明，不過直到三星出現之前，談到非洲的家電，都是以日立、東芝、國際牌等日系品牌為主，只要到機場，大型廣告看板主要都是日本製造商。

不過一九九〇年代後期三星開始打入非洲，已經搶下了所有的家電市場，機場的廣告看板也以三星為大宗，這個情形在全球其他國家也是如此，三星已經超越了日本的家電製造商，成為國際化品牌。

三星最初派駐至非洲的員工，任務就是將當地日本家電製造商的代理商全部拉攏到三星這一方，他們是非常認真在做這件事。

三星進軍海外的厲害之處，在於派駐當地的員工多數拿的都是單程機票，例如他們會以派駐至某個特定國家為前提雇用員工，派駐後基本上不會有異動也不會調回國，一輩子就待在那個國家了，反過來說，就是派駐員工深植於派駐國，在當地落地生根，聽說三星指示他們要徹底學習當地的生活。

這和只去兩三年的派駐員工覺悟程度完全不同，他們就是以這樣的方式，慢慢鯨吞蠶食，從日本製造商手中搶走市場。

不僅如此，三星根據扎根於當地的員工的獨特情報，開發了可以配合當地狀況的商品，例如開發可以應對非洲電力不穩問題的商品，電視不僅有 AC 和 DC 電源輸入，也可以用太陽能光電（DC）驅動。

因為非洲的電力供應不穩定，經常出現瞬間電流或電壓變化（突波電流或電壓），這是電器故障的原因，所以才會加入預防功能。

讓我感到佩服的，是在內部牆面加入保冷劑的冰箱。非洲的電力不是經常性供應，有時候一天只有3個小時有電。

所以才會在冰箱的內側放入保冷劑，在有電的時候先冷卻保冷劑，當停電的時候就利用保冷劑冷卻食物，據說這樣的做法可以儘量保持溫度10個小時。

其他還有配合使用多種語言的非洲，販售能夠免費收看各種語言節目的智慧型電視。三星在肯亞與當地最大的內容製作業者合作，利用隨選視訊，獨家提供智慧型電視專用的內容，在奈及利亞則和當地的知名歌手及作曲家合作，開發了著重於非洲音樂、附等化器的電視。

三星就是像這樣扎根當地進行開發，這雖然是已開發國家不需要的功能，不過在非洲卻能發揮很大的效果，以一間公司來說，有這樣的服務和實踐能力，真的很了不起。

中國為什麼想要深入非洲建立影響力？

一九六〇年代到八〇年代，席捲非洲的是日本家電製造商，之後三星和LG取而代之，成為非洲最大的品牌，不過最近OPPO、vivo、華為、小米等中國製造商則急起直追。

韓國製造商現在也逐漸面臨和過去日本家電製造商相同的狀況。事實上，在日

中國與非洲的貿易關係（2019年）

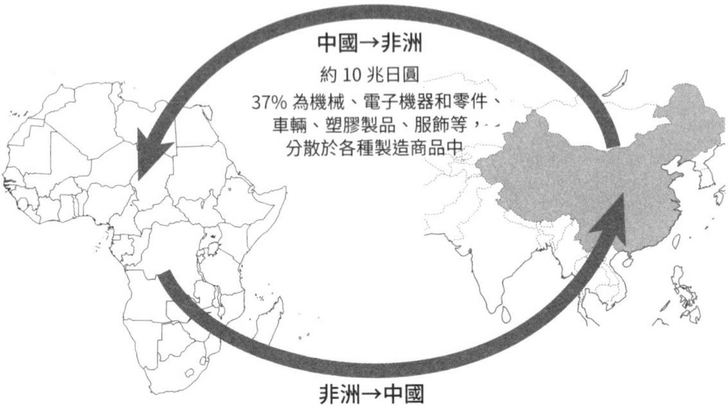
約 7 兆日圓
90% 為燃料或礦物等，集中於自然資源

出處：AAIC 根據中國海關統計、JETRO（日本貿易振興機構）的資訊等資料製作。

本製造商進軍非洲之前，是由湯姆盛（Thomson）及RCA等歐美企業獨霸家電市場，然後日本企業從他們手中奪取了市占率，接著再被韓國企業搶走，現在則是逐漸轉移到中國企業手上。實際上，如同先前所述，中國製造商已經在智慧型手機領域成為了非洲的最大品牌。

中國已然成為非洲最大的貿易對象國家，無論是進口或出口都是最大的對象。

中國進口的是燃料和礦物，約占九成，剩下的是咖啡、紅茶、堅果等食品相關商品；出口的貨物有將近四成是機械、電子機器和零件，剩下的為車輛、塑膠製品和服飾，類型相當廣泛，這些產品的出口金額已經達到了10兆日圓規模。

順帶一提，日本和非洲的貿易，出口到非洲的金額將近約9000億日圓，進口則將近約8500億日圓，兩者都為中國的十分之一以下。

事實上中國開始認真將目標轉向非洲的時間點，是從二〇〇三年左右開始，從那之後18年，他們已成為不容忽視的存在。

中國進軍非洲最大的目的就是「確保資源」。從二〇〇三年起，中國因為急速的經濟成長，資源不足成為一大難題，於是策略性地將影響力拓展到非洲，尤其是石油、礦物、稀金屬等，他們將進軍非洲視為國家能源安全保障的一環。

另一個目的，則是「創造國際輿論」，要讓國際輿論站在中國那邊，要在聯合國獲得更多的票數。

中國將眾多優秀人才送進聯合國，得到極佳的職位，擴展影響力，這些也都是當成國家戰略在進行。從這點來看，非洲深具魅力，因為非洲在聯合國擁有多達54票。

不論是美國的一票，或小國的一票，因為沒有經濟規模加權，所以是相同的一票，拉攏非洲成為自己的同伴，在創造國際輿論上擁有極大的意義。

不僅如此，近年來，中國也將非洲視為一個「市場」，因為物價水準相近，所以可以直接將中國的商品賣進非洲，非洲也有許多人直接到中國採購，無論是建材還是雜貨還是服飾，什麼都買，而中國因為建材和雜貨很多東西都供給過剩，所以出口這些物品。

於是中國成為了非洲貿易最大的進出口國，他們也大規模進行基礎建設的投資以及人際間交流，已經對非洲產生了巨大的影響力。

中國投資非洲提出的交換條件

中國在非洲的投資使用和其他已開發國家不同的專案方式進行。一般來說，在援助未開發國家時，若採用政府開發援助（ODA）等方式，會有一定的規則及條件，例如ODA的工程要採取競標，其他還有提供資金時，受助國要遵守人權、推展民主、禁止盜領或貪污等。

然而中國的投資並不遵照這些已開發國家的規則，他們主張自己還是未開發國家，說以人均 GDP 來看，現在還屬於未開發國家。

這樣的主張正合某些國家的意，不需要附帶各種條件，中國就願意投資生意（會賺錢的才投資）。

當然中國的投資也不是每一樣都很順利，有一部分因為北非於二〇一一年發生阿拉伯之春，政權更迭導致中國的投資被片面撕毀，所以造成大規模損失。

中國的投資也不是真的無條件，著名的條件，就是不得承認臺灣為國家，過去非洲有10個以上的國家與臺灣建交，但現在只剩一個（二〇二〇年）。

即使參加投標，其他國家也很難勝出的原因

中國現在將非洲視為「一帶一路」政策的一部分，不斷進行大規模基礎建設的開發，他們在吉布地建造了高鐵、高速公路及大型港灣設施。關於肯亞的高鐵之後還會再提到，負責這項工程的也是中國。

已開發國家對未開發國家的援助及投資，就如同前面寫的，有許多規則。

可是中國的做法卻不一樣，他們一開始就以鋪設基礎建設的專案承包，不是援助，

而是「直接投資的統包交易」。

例如高鐵，在雙方簽訂的合約中載明，車輛、軌道、運行系統、維修保養等一切都由中國統包。再來是資金來源，這也是由中國進出口銀行等金融機關提供大部分的融資。

他們用的是針對個別專案進行融資。實際上，中國並不稱之「援助」或ODA，他們當成一般的專案融資進行。

奈洛比新幹線（Stantard Gauge Railway）是項約3500億日圓的專案，八成以上都是來自中國的融資，而其中大部分金額，是以中國的車輛、軌道、系統、中國營造工程費用等名目支付，當然當地企業和當地勞工也有分到一杯羹，不過超過半數都是由中國承包。

不只奈洛比新幹線，中國在非洲針對基礎建設的投資之所以成為問題，是來自於不知道該國政府是否有能力償還借貸，雙方簽定的合約為一旦該國無法償還本金，中國就可以長時間租借土地。其他還有類似的案例。

最近這個現象被稱為「債務陷阱」而廣為人知，也有一些非洲國家開始保持警戒，因為他們原先都是英國或法國等國家的殖民地。要求免除債務，或是因新冠疫情的影響寬限還款期限，又或者因為政變倒債等，在債務方面，往後雙方大概仍會有激烈的你來我往角力。

說到新幹線，正宗本源是日本，事實上日本廠商也替奈洛比新幹線做過簡單的試算。如果由日本廠商蓋新幹線，總工程費用約為1兆日圓，工期6年以上，來自日本的融資最多五成，中國則是總工程費用約3500億日圓，工期3.5年，融資八成以上。

在這樣的條件下，日本自然沒有勝算。日本的新幹線最高時速250公里，可以每隔5分鐘發車又零事故，非常安全，可是很貴，而肯亞尚且不需要這麼高規格的交通工具。

雖然說是新幹線，但正確來說是標準軌道（SGR／Stantard Gauge Railway），最高時速170公里，平均時速120公里，比較像是自強號，載客列車一天來回約4至6個班次，剩下的都是貨運列車。事實上，貨運列車比載客列車更重要，很有可能成為東非物流改革的關鍵，目前正計劃將路線延伸至烏干達首都康培拉、盧安達首都吉佳利、蒲隆地經濟首都布松布拉。

順帶一提，奈洛比新幹線現在的營運路線為奈洛比至蒙巴沙之間的470公里，距離大約是東京至京都，不過普通車廂票價約800日圓（通車初期特惠價），頭等車廂約3300日圓，由中國公司先經營五年，然後再轉移給當地公司。我在剛通車時也馬上去搭乘了，雖然客滿，但很舒適。

活躍在非洲的中國人多達百萬人

中國在建造基礎建設時，會將部分勞工送進當地，這件事非常有名，光是看奈洛比等工程現場，有一大半是當地的勞工，而工地主任或重型機具駕駛則是中國人。

附帶一提，雖然沒有正確的統計數字，不過據說約有多達100萬中國人在非洲。

最初是從能源開發、基礎建設開發產業開始，接著是貿易、零售、不動產、製造業等一般商業人士開始進駐，隨著這些人的遷移，大量的餐飲店和服務業也跟著進入非洲提供服務，只有極少數是被強迫到非洲，大部分的人都是因為「可以賺錢」、「那裡有商機」而來到非洲。

在非洲主要國家的活躍程度（2019年）

外商公司國籍		日本	美國	中國	韓國	德國	英國	法國	印度
進軍非洲公司數	公司數（間）	493	2,000	2,504	461	625	887	1,100	795
	據點數	795	4,365	4,000～6,000	900～1,000	3,030	3,491	3,974	2,000～3,000
各國駐在當地人數（人）		0.7 萬	11 萬	80 萬～100 萬	1.8 萬	13.2 萬	16.8 萬	24.8 萬	—

出處：AAIC 根據各國外交部、The American Business Council、各國大使館、各國商工會、Eurostat、聯合國、JETRO、ICT Trade Map 等資料製作。

在我認識的中國人中，有人是和幾名同伴合資取得開採金礦權，實際挖掘後還真的發大財。

對非洲人來說，原則上歡迎出錢的人，對中國的印象是「最近急速成長的國家」、「想要學習的對象」。

而中國也向非洲強力宣傳這一點，他們送了許多類似顧問的人才到各國政府，表示要「教他們發展經濟的方法」，我想很多非洲國家有「想讓非洲像中國那樣發展」的感覺。

東亞國家在非洲的人數，推測中國為100萬人，次多的是韓國約1萬8000人，日本則是7500人（新冠疫情流行之前日本外交部的統計數字）。中國的人數大約是日本人的100倍，所以不管到哪裡，都有人跟我說「你好」。

就非洲人的角度來看，完全分不出有什麼差別，一旦我回答「NO」，對方就會接著說「安妞哈誰唷」（韓文的你好），我也只好接受。

另一方面，非洲人和日本完全沒有歷史糾葛，所以很歡迎日本人，豐田汽車或索尼等日本品牌非常深入他們的生活中，只是他們幾乎從來不曾見過日本人。

近年來，若是從國家來看，還是屬中國的存在感最強大，從基礎建設投資、派遣政府顧問進駐、工商會議所、商業中心、大學及醫院、農業學校、中國城等，愈來愈多來自中國的資金流入。

當然貿易方面也是中國獨占鰲頭，但若從FDI（海外直接投資）的累積來看，英國、法國、美國等也依然還具有很大的存在感，日本也持續透過JICA和ODA提供支援，擁有一定的活躍程度，不僅如此，非洲對日本的印象還有生產像豐田汽車那樣的好商品，以及是科技大國。我打從心底期待善用這些印象，在非洲大展身手的日本企業和日本人能夠愈來愈多。

專欄

非洲與奴隸制度

十六世紀，世界被西班牙及葡萄牙瓜分，之後在十七世紀是荷蘭，十八世紀之後則是英國躍上檯面。

接下來與世界史有關。西班牙和葡萄牙從中南美洲帶來了金和銀，這是比較簡單的貿易，而荷蘭和英國成為宗主國之後，則開啟了正式的全球貿易，他們從非洲引進勞工到新大陸殖民地，讓勞工們製造砂糖及種植棉花，然後在母國販賣，接著進行織品加工，再賣到其他國家，他們就是透過這樣的商業模式獲取龐大的利益。

在這個時代從非洲送勞工到新大陸工作就是所謂的奴隸貿易。

自十六到十八世紀的300年間，奴隸的輸出地主要是西非，從奈及利亞到迦納、賴比瑞亞那一帶。那一帶過去又被稱為奴隸海岸。

十八世紀槍隻從英國的利物浦和法國波爾多送進了西非，西非當地人被載往西印度群島（加勒比海地區）當奴隸，被迫在那裡的農莊工作，然後那裡生產的棉花和砂糖則運回英國，形成三角貿易，利物浦是個曾因奴隸貿易而繁榮的城市。

從非洲到新大陸的海上航行，是一段非常險惡的過程，有一說是非洲的奴隸貿易運載了2500萬人渡海，途中卻有500萬人死亡，只有2000萬人抵達新大陸（最近的學說則表示在三個世紀間，有約900萬至1200萬人被當成奴隸帶走）。

他們在勞動人口不足的新大陸棉花田及甘蔗田裡受到殘酷奴役，而英國則透過這種方式生產棉花及砂糖，賺進大把鈔票。

到了十九世紀末，除了衣索比亞，連非洲內陸也幾乎都成了殖民地，形成分割統治的局面。

第二次世界大戰後，許多國家脫離殖民獨立，在一九五七年率先獨立的是位於奴隸海岸的國家，迦納。聽了他們的初任總統夸梅．恩克魯瑪（Kwame Nkrumah）演講後，下定決心要前往非洲的人就是前述年輕時的佐藤芳之先生。

非洲小常識⑥解答

問題1　韓國三星在非洲的營業額換算成日圓是多少錢？

③1兆至2兆日圓

問題2　跨國化妝品公司萊雅集團進軍了幾個非洲國家？

③30個主要國家中的29國

第7章

為何國內企業沒有善用非洲商機

日本企業

非洲小常識⑦

問題1 **肯亞的汽車中，日本二手車的占比為？**

①60%
②70%
③80%

問題2 **奈及利亞一年吃掉的泡麵包數為？（人口2億人）**

①10億包
②20億包
③30億包

40年前在非洲的日本人數是現在的大約三倍

目前約有500間日本企業進軍非洲，據點約800處，根據日本外交部統計，日本人人數約有7500人（二〇一九年）。事實上從一九七〇到八〇年代初期，在非洲的日本人數約是現在的三倍，例如現在肯亞日本人少於900人（新冠疫情前），一九八〇年代初期則有超過3000名日本人。

第二次世界大戰後，進入一九六〇年代開始，非洲各國紛紛獨立，出現高度成長的趨勢，日本企業一間接著一間到非洲展業，製造纖維的東麗等公司，電機業的日立製作所、東芝和國際牌等大型企業也派駐了眾多員工在非洲，日航開通了往肯亞的直飛航班。

這段歷史的背景在於日本的經濟高度成長，從獲得資源，到鋪設通訊基礎建設、開拓市場，當時大量日本企業進軍非洲的原因就和現在的中國一樣。

不論是汽車、電視、冰箱、通訊交換機，當時的日本產品是全球最便宜的價格。非洲當地在獨立之後，馬上就出現了纖維、家電、汽車等需求，他們的目標是脫離從舊宗主國進口，改為由本國生產。

撒哈拉以南非洲的GDP及原油價格變遷

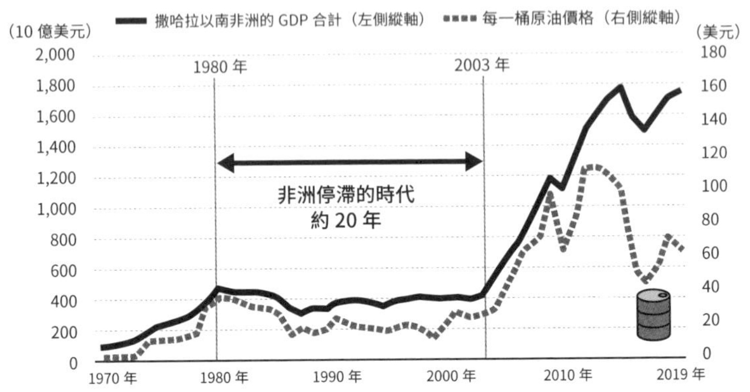

備註：原油價格 1983 年以前為 Ras Tanura（沙烏地阿拉伯最大的原油出口港口）的價格，1984 年後為布蘭特原油（Brent）的價格。
出處：AAIC 根據聯合國及 BP 的資料製作。

在先前專欄中登場的肯亞堅果公司的佐藤芳之先生是在一九六三年至迦納留學，然後一九六五年畢業於迦納大學，他最先任職的地方是東麗的肯亞辦公室，當時東麗在肯亞設有工廠。

山崎豐子女士的小說《不沉的太陽》中，有一段情節是身為日航員工的主角被貶到了肯亞，事實上聽說他在肯亞過著絕對不算糟的生活，氣候每天都像夏天的輕井澤，住在美好的家宅，沉浸在獵遊與高爾夫，雇了幫傭過著悠閒自在的生活。

然而直到一九七〇年代經濟成長都很平順的非洲出現了變化，從一九八〇年代起的二十年間被稱為「非洲之死」，經濟幾乎無法成長。

最大的原因就是能源價格與第一級產業產品的價格低迷。一九七三年及七九年發生了石油危機，能源價格雖然大幅上漲，但一九八〇年代之後能源價格長期處於低迷，不僅如此，咖啡、可可亞及紅茶等第一級產業產品的價格低落影響也很大。當時非洲各國主要的出口品項為能源與出口用的第一級產業農產品，除了非洲各國農產品生產過剩，再加上亞洲和南美洲等也不斷開發農莊，需求降低是一大原因。

此外，獨立後的政治腐敗與不穩定，也讓經濟大幅惡化。多數國家在一九六〇年代獨立，一開始的確鞠躬盡瘁於建設國家，可是之後權力鬥爭、獨裁、營私舞弊、收受賄賂、政變不斷發生，也頻頻爆發內戰。

衣索比亞在一九八〇年代經歷大規模內戰，出現大量難民潮，成為全球的大新聞；象牙海岸也爆發了內戰；一九九四年盧安達也出現大屠殺。

第二次世界大戰後，一九六〇年代非洲各國紛紛獨立，一九七〇年代石油危機讓能源價格大漲，之後，一九八〇年代開始，一口氣迎接苦難的時代。

日本在進入一九九〇年代後泡沫經濟破滅，從此日本企業接二連三地退出非洲市場，這就是在非洲的日本人愈來愈少的最大原因。

中國進軍與資源泡沫成長期讓非洲再次浮上檯面

一九九〇年代日本企業接連退出時，來到非洲的是韓國企業，就像前面提過的，自二〇〇三年起中國開始大幅進軍非洲，原因在於政府主導的「確保資源／資源安全保障」及「積極走出去」的口號，這就是中國開始瘋狂購買資源的開端。

而因為中國瘋狂購買資源，從二〇〇三年左右開始，出現了包含石油價格在內的資源泡沫成長期，同時中國也在推動投資非洲，非洲的經濟就從二〇〇三年起迎來了急速成長，直到二〇一六年。

從奈及利亞及安哥拉等富含資源的國家開始，非洲各國的經濟開始成長，二〇〇八年起的七年間，奈洛比的不動產約暴漲了六倍，甚至有案例是原先售價 2000 萬日圓的 2000 坪土地，過了六年之後漲到2億日圓。

只不過石油等資源的價格實在上漲太多了，結果導致二〇一六年時發生了資源泡沫破滅，價格大幅跌落，以奈及利亞等產油國為中心，非洲的經濟因此遭受了巨幅傷害。

無法避免經濟受到這類大環境因素的影響，就是非洲經濟的脆弱之處。一九八〇年代至九〇年代，油價低迷時原油一桶只要20至40美元左右。

之後二〇〇三年的十三年間，油價急速上漲，國際原油價格最高時曾來到一桶140美元以上。然而二〇一六年資源泡沫破滅，奈及利亞的貨幣大幅貶值（只剩約三分之一價值）。非洲最大的國家奈及利亞的經濟動力來自於賺取了九成外匯的石油，石油價格大跌帶來了無可計量的衝擊力。

當然對像肯亞或衣索比亞這種石油進口國來說，二〇一六年的油價暴跌在經濟面是加分，這樣他們的外匯存底就比較寬裕。石油價格的變動會為不同的國家帶來正面或負面的影響。

日本的大型企業再次進軍非洲

曾有一段時間，日本人在非洲的人數比亞洲其他國家都還要多。如同前述，目前只剩中國的百分之一以下，不過，現在有愈來愈多日本企業進入非洲市場。

早期就已在非洲耕耘的汽車製造商或商業公司現在則是擴大原有規模，豐田、日

北部

摩洛哥

三井物產、三菱電力系統、IHI、住友電工、日產、三菱扶桑卡客車、矢崎總業、藤倉、電裝

突尼西亞

三菱電機、矢崎總業、住友電工、丸紅

埃及

東洋工程、豐田通商、三菱重工、雙日、住友商事、日立製作所、丸紅、三井物產、豐田汽車、日產汽車、鈴木汽車、五十鈴汽車、三菱扶桑卡客車、住友電裝、大塚製藥、嬌聯、味之素、JT、東芝、夏普、國際牌、神戶物產、CERAMICA CLEOPATRA、NILE INTERNATIONAL

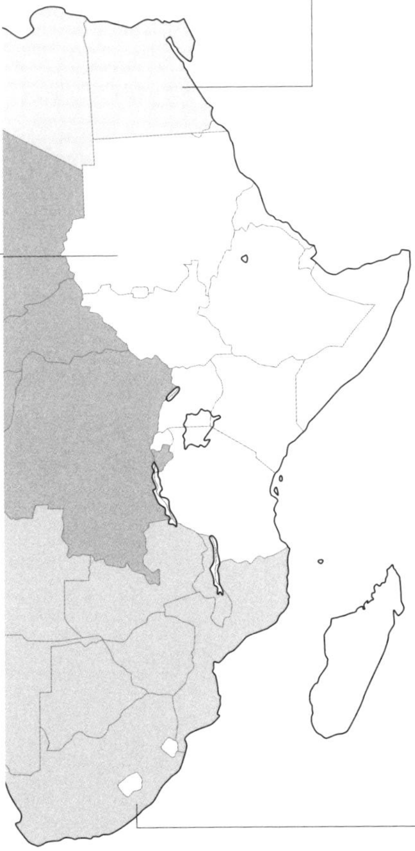

南部

安哥拉

丸紅、雙日、三菱商事、國際石油開發帝石、豐田商事、住友商事、三菱重工

莫三比克

雙日、三井物產、三菱商事、新日鐵住金

尚比亞

日立建機

辛巴威

BiZright Technology、馬自達汽車、伊藤忠

南非

伊藤忠、住友商事、三井物產、小松製作所、日立建機、豐田汽車、日產汽車、馬自達汽車、三菱扶桑卡客車、五十鈴汽車、UD 卡車、普利司通、電裝、矢崎總業、小糸製作所、JT、丸紅、NEC、NTT、關西塗料、百樂

馬拉威

雙日

納米比亞

伊藤忠

波札納

JOGMEC

眾多日本企業開始進駐非洲（2015年）

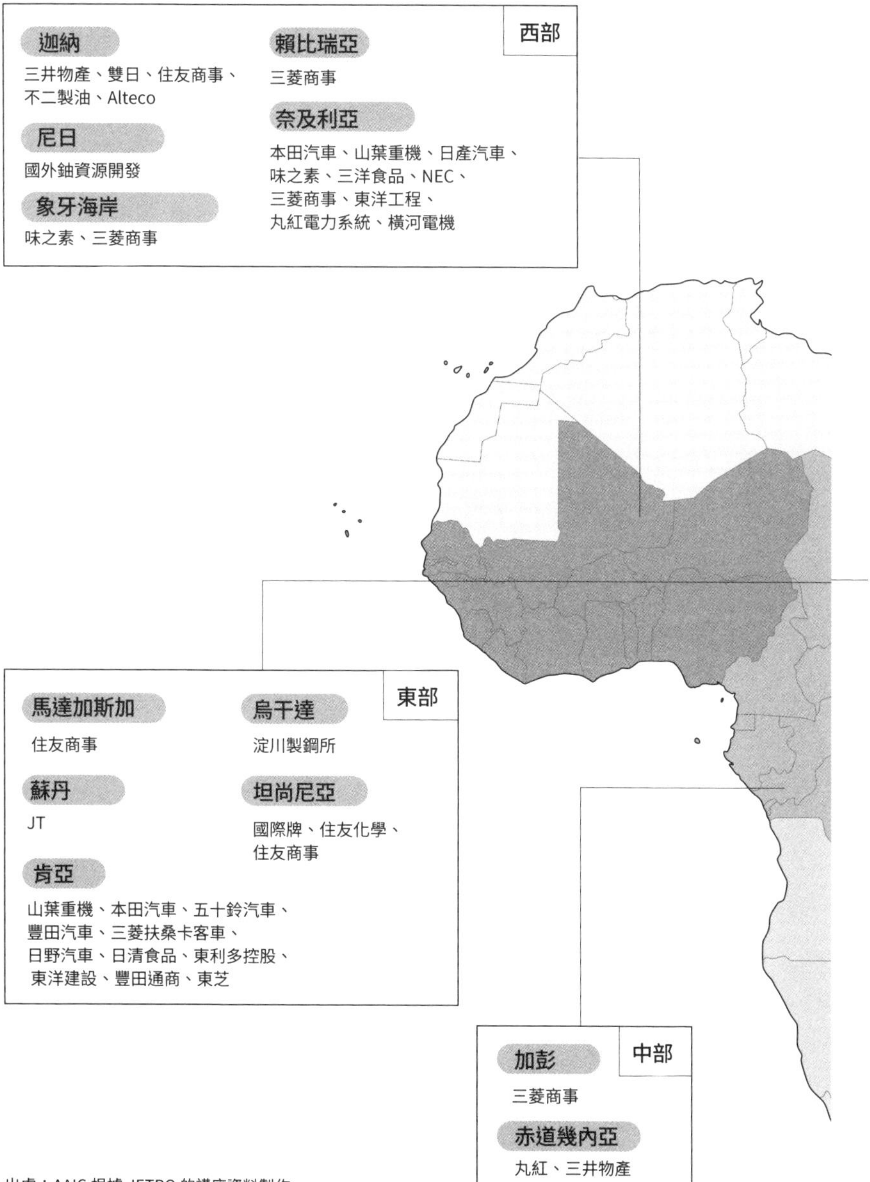

出處：AAIC 根據 JETRO 的講座資料製作。

產、本田、五十鈴等汽車產業幾乎都已進軍非洲，他們不只單純出口，也生產一部分的散裝料。伊藤忠和三菱商事等大型商業公司也增加了派駐在當地的日本人。只要汽車製造商進駐，零件製造商就會跟著進駐，普利司通、電裝、矢崎總業都已經在非洲駐點。

情況有點不同的是JT，二〇〇七年併購在歐洲、非洲、中東等地經營菸草事業的英國加拉赫集團，取得在非洲的煙草事業，二〇一一年併購蘇丹最大的HCTF公司、二〇一二年併購埃及的水煙大廠Nakha，二〇一七年買下衣索比亞最大的企業NTE（National Tobacco Enterprise，國有菸草企業股份有限公司），成為非洲最大的菸草公司。

海外營業事業是由總公司位於瑞士的JT國際（JTI，Japan Tobacco International）負責，透過全球性的併購，JT成為全球前三大的煙草集團，在非洲也是最大的菸草葉生產商。

消費財方面，有嬌聯和大塚製藥進駐，東芝、夏普、國際牌等則是進軍了埃及，而肯亞和奈及利亞有本田汽車的摩托車組裝工廠。

只是進軍非洲的企業數量雖然增加了，和美國與中國相較之下還是遠遠不及。

在我的印象中，這和十年前至印度拓展版圖的日本企業狀況極為相似，二〇〇八年的印度，日本企業剛好約有550間／838處據點，而到了二〇一九年則成長為約1454間／5102處據點，十年間約成長了三至六倍。

現在進駐非洲的日本企業約有493間／795處據點（二〇一九年統計），接下來約十年內，日本企業數很有可能成長至現今的三至五倍。

附帶一提，過去日航有直飛肯亞的班機，但現在沒有了，目前最受歡迎的航線是在中東轉機，從日本到杜拜約12小時，再從杜拜到肯亞約5個多小時，若到拉哥斯則是8個多小時。出乎意料方便的航程，是衣索比亞航空從香港轉機的航班，只要16個多小時，因為隸屬於星空聯盟，所以是與全日空聯營的航班。

網路販售二手車業績一飛衝天

非洲整體的汽車銷售量估計為314萬臺（二〇一五年），其中新車占162萬

非洲整體汽車銷售量約314萬台（2015年）

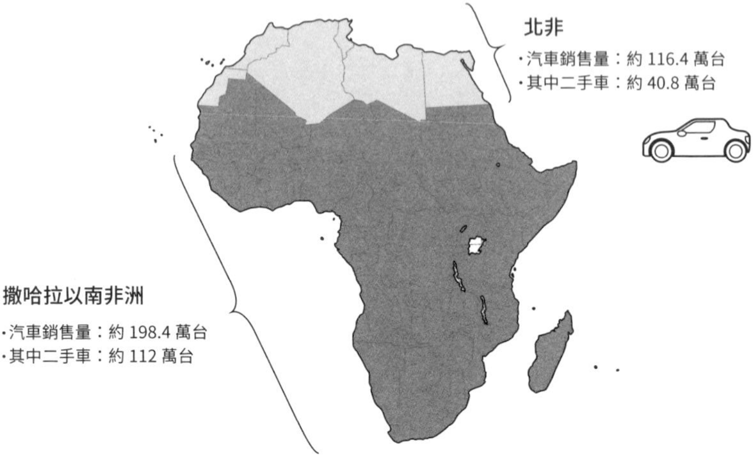

出處：AAIC 根據 NAAMSA、Focus2move、OICA、BMI Rsearch 及弗若斯特沙利文等的資料製作。

臺，二手車為152萬臺，也就是說，在非洲，二手車和新車一樣暢銷。肯亞汽車銷售量9萬9000臺之中，有8萬臺是二手車（二〇一五年的推估量）。

除了南非與埃及、利比亞、突尼西亞、摩洛哥、阿爾及利亞等北部非洲，幾乎大部分的國家都是以二手車為主。

而日本的二手車在非洲非常受歡迎，尤其是肯亞、坦尚尼亞等位於東非的國家，以前曾是英國殖民地，駕駛座位於右側，因此可以進口後直接販售。在東非，日本車的市占率為家戶的70%以上，肯亞則是8萬臺二手車中有約八成都是日本車，而其中的八成是豐田汽車。

西非的國家以左駕占多數，所以日本車的市

日本進口車占所有進口車的比率

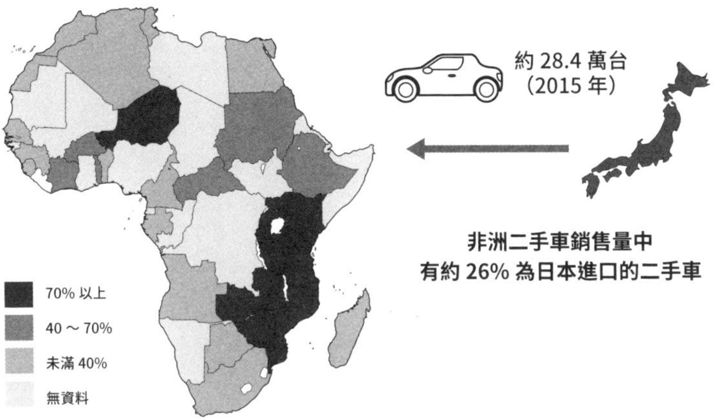

備註：不含FOB 20萬日圓以下的車。肯亞為2013年的資料。
出處：AAIC根據Comtrade、USS的資料製作。

占率就沒有那麼高了。

有28萬4000臺FOB（離岸價）20萬日圓以上的車從日本送到非洲去（二〇一五年），若計入20萬日圓以下的車，就有40萬至50萬臺出口到非洲。這個數量有多龐大，以速霸陸汽車每年在日本的新車銷售量來看，約是13萬臺（二〇一九年），也就是說非洲的二手車賣了這個2至3倍的量。

有一家日本新創企業因經營二手車出口而取得很大的成功，那就是「BE FORWARD」，他們正式開始營運後約五年年，業績一飛衝天。若要說他們做了什麼，那就是在網路上直接販售日本二手車給非洲的人。

他們原本就在日本販賣二手車，某一次有位非洲女性詢問是否可以直接買車，那時候他們發現，日本國外有著龐大的市場，終端用戶有透過網站 carsensor.net 直接購車的需求。當時沒有商家在網路上直接販售二手車，所以 BE FORWARD 才會想辦法讓非洲人可以直接透過網路購買日本二手車。

當然網站文字都是英文。因為無法實際試乘汽車，所以上傳了大量照片。客戶看到自己喜歡的車之後，只要輸入住在哪裡、想要送到哪個港口等資料，就可以試算出包含汽車本身的價格、運費、保險費等整個過程的所有費用。如果客戶可以接受，只要按下購買鍵並付款，車子就會從日本送達。因為是利用海運送貨，所以要等帶兩到三個月，之後就會送到自己所在的國家。

購買時必須先全額付清，會這麼做是因為其實在非洲，當地的二手車販賣一般也是採用預付，否則車商不願賣車，這是非洲的常識。

過去以非洲為市場的二手車販賣，都是透過仲介銷售的經營模式，他們會在40呎貨櫃中裝入4至5臺車運到非洲，然後由當地二手車行買下那些車輛，再賣給用戶，用戶無法直接從日本購買喜歡的車款。

正式營業僅僅五年，年營業額就達到500億日圓

BE FOEWARD建立了一套流程，可以在網路上直接賣車給非洲人，事實上這間公司的年營業額已經達到了500億日圓規模。

非洲原本就有購買二手車的需求，尤其是日本車，車況很好價格卻很便宜。而過去用戶與仲介商之間也有一些不滿與糾紛，所以他們才決定要利用網路直接販賣給用戶。

因為是直接販賣，所以價格也可以比較便宜。使用海運送貨。因為必須在當地維修，因此也和本土企業合作在當地維修。

採用預付款的方式，沒有貨款收不回來的風險，也不用忙於資金周轉，而最棒的是，用戶透過手機就能直接搜尋日本車，BE FOEWARD建立了一套雙贏的機制，因此事業才會擴張到如此規模。

現在不僅是非洲，他們也在蒙古、緬甸等地拓展業務，並在調布設置大型客服中心

服務用戶。在蒙古，日本的 Toyota Prius 等油電混合車似乎很受歡迎。

前面也提過，肯亞的二手車之中有八成是日本車，而其中的八成是豐田的車，所以街上到處可以看見 Toyota。

甚至還有上面寫著日文「〇〇營造商」的箱型車沒有塗掉文字就在路上跑，有些車也原封不動裝著日文導航，只要一發動引擎，就會發出「路線搜尋中……無法搜尋」的日文語音。

非洲人對日本的深刻印象，是製造好車的國家。肯亞最暢銷的車款是豐田的 Land Cruiser（越野車），總統座車也是 Land Cruiser。

雖然是二手車，但進口二手車的待遇特別不一樣，事實上，進口二手車在當地被稱為「新車」，這是指從日本進口的二手車。如果是在當地變成二手車，就會稱為「二手車／舊車」，真正的新車則叫「全新車」。

當然零件的流通也很齊全，後照鏡、車門、保險桿、引擎、變速箱、車體零件……這些也都可以在網路上買到。

此外 BE FORWARD 最近也開始販賣日本二手的曳引機或工程車等車輛了，其中四十年前的曳引機也可以賣得高價，這也是出於非洲對日本製品有很強的信賴。

日本速食麵在非洲排名第二

由日本廠商創始的速食麵是在全球銷售的食品，非洲也有販賣，以袋裝麵為主。奈及利亞每年可以賣出20億包，他們的人口數為2億人，也就是說每人每年平均吃掉10包。

只是市占率第一廠商的並不是日本企業，第一名是印尼的「營多麵」，這是印尼無人不知的速食麵品牌，而新加坡的綜合企業Tolaram集團與印尼大財閥三林集團合併，在奈及利亞設立了速食麵工廠。

一九八〇年代最早進軍奈及利亞的就是這間公司，當初對非洲人來說，速食麵是種驚奇的食物，他們認為「這種像蚯蚓一樣的東西可以吃嗎？」但之後卻成為暢銷的商品。

在日本，「札幌一番」的製造商東洋食品為市占率第二的廠商，只是札幌一番這個牌子並沒有在非洲推出，他們是與當地成立的企業「奧蘭國際」合作。

有件好玩的事，本來以為在奈及利亞可以賣出20億包的袋裝速食麵，在肯亞應該也賣得很好，沒想到銷售量卻不太好。事實上東非很少吃帶湯的食物，硬要說的話，他們喜歡乾的食物，肯亞和坦尚尼亞都沒有吸食這種吃法的文化。

即使都是非洲，東非和西非的飲食文化截然不同。東非是乾食派，肯亞喜歡的肉類吃法是稱為「Nyama choma」的烤肉類，主食傳統上為玉米粉製作，名叫「Ugali」的食物。

另一方面，西非則是湯食文化，有很多以湯類燉煮的料理，所以才能接受泡麵。Tolaram集團在第二次世界大戰後曾到日本學習泡麵的技術，帶回印度之後獲得絕佳成功，這次又帶到了非洲，並且選擇奈及利亞是個很大的重點。

順帶一提，日清食品在東非製作的杯麵是幾乎沒有湯汁的產品，就像炒麵那樣沒有泡麵湯的感覺，這代表食品製造商有經過詳細的市場調查後才生產商品。

非洲的飲食文化還很質樸，每個地區有各自的特色，是個非常有趣的市場。

日本九成的進口「章魚」是來自非洲

相反地，有些東西是從非洲進口到日本，並擁有很高的市占率，例如鑽石或黃金這自不用說，不過令多數人吃驚的，是章魚，事實上日本從摩洛哥和茅利塔尼亞進口的數量約占七成。此外，有五成的芝麻也來自非洲。

日本章魚的主要進口國

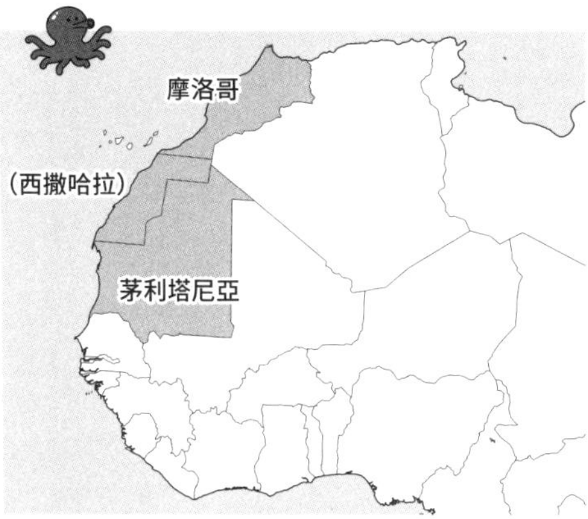

章魚的進口曾有一段故事。出口章魚的地區是摩洛哥與茅利塔尼亞西側的大西洋沿岸。章魚目前還無法完全人工養殖，據說養殖章魚和鰻魚同樣困難。

章魚的幼年期就像浮游生物一樣輕飄飄，雖然會慢慢長大，但目前還不清楚牠們在幼年期以什麼為食。

現在只知章魚生長在乾淨的淺水處，人類會在牠們長大後捕撈，而最適合捕撈章魚的地方就是非洲的大西洋沿岸，寒流與暖流的交會之處，而且當地人並不吃章魚，於是日本人就教當地人如何使用章魚壺捕撈章魚，這是一九七七年的事。

在網路搜尋會出現很多相關的故事報導，聽說是當時27歲的日本人教的。

必要的用具為章魚壺，只要用塑膠製作並放置在海中，章魚就會在壺中長大。等牠們長大了之後再捕撈，反覆這個作業，就可以持續捕獲章魚，這種章魚捕撈法由日本人指導，之後成為當地的一大產業。

非洲人不吃章魚，有八成都出口到日本，兩成則送到義大利，是珍貴的外匯來源。

只是這個章魚產業現在遇到了危機，橫空介入的是中國。原本在淺海慢慢且持續生長的章魚，被中國以拖網漁船的方式連根挖起。

拖網漁船的漁網為金屬製，會將海底生物一網打盡，撈走所有東西，這麼一來，海底便寸草不生。

而且他們會直接在船上急速冷凍章魚，漁獲完

章魚漁獲和進口量

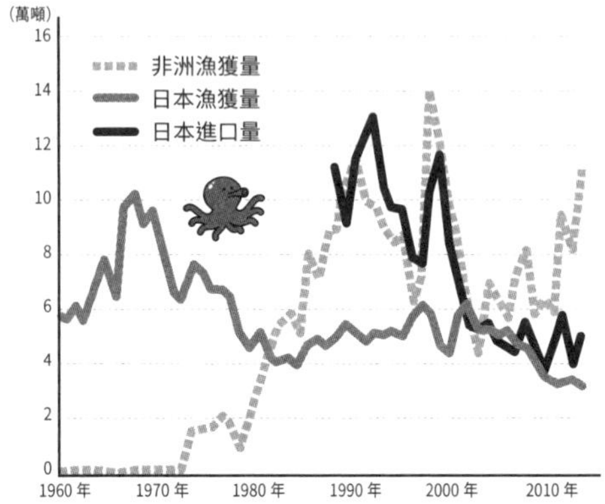

出處：AAIC 根據水產研究暨教育機構「FRA NEWS」2018 年 3 月號製作。

全不經過當地港口，在中國加工後出口到日本，這麼做當然會與當地漁民起爭執。

現在日本有來自非洲西撒哈拉或茅利塔尼亞產的冷凍章魚，其最大的買家就是經營「築地銀章魚燒」的HOTLAND。日本人非常喜歡吃章魚燒，章魚是不可或缺的食材。最近中國也掀起了章魚燒熱潮，章魚燒的消費量急速上升，長此以往，章魚的數量將會不敷使用，所以聽說「築地銀章魚燒」的社長親自為了尋找章魚而四處奔走。

日本近海的章魚漁獲量年年降低，只剩下高峰期的三分之一，即使是原本的塑膠章魚壺捕撈法也因為環境問題陷入了難題，想要做生態永續的生意還要再多下一點功夫，日本的章魚進口現在正面臨危機。

捕章魚船的船外機市占率為75%

有一間日本製造商與捕撈章魚產業有關，並深獲非洲人信賴，那就是山葉發動機（YAMAHA）的船外機。在前往淺海區的外海捕撈章魚時，裝在漁船後方的可拆式螺旋槳船外機。

在二手車市場，日本的豐田汽車擁有絕對優勢的市占率，不過在船外機市場，具壓倒性市占率的則是山葉發動機，事實上他們的市占率為75%，這部分就是以販賣全新品為主，畢竟事關性命。

不僅是章魚捕撈，所有的海上漁業都是，一旦到了外海船外機壞掉的話，就是生死問題，真的是性命交關，所以再怎麼便宜，當地人也不會買中國製的船外機，他們會買他們信賴的山葉船外機。

山葉從章魚壺捕撈法剛開始的那時候，就和漁民一起合作了，他們教漁民如何製造FRP製的漁船、如何操作船外機、如何養育章魚，並幫漁民打造好在當地燙熟章魚後冷凍出口到日本的整套流程。

山葉的這些努力又是另一個故事，這個感人的故事如今還在繼續。那時候非洲當地的多數漁民都不識字，所以說明時使用的是圖畫。

當時的漁船普遍都是木頭製，山葉在這樣的背景下提供了製造FRP漁船的方法、提供模具、提供加工FRP的機器，也提供能讓魚保鮮的製冰機，而這一切都是無償的付出，他們只收船外機的費用，並且還教漁民如何修理和保養，山葉就是透過這種方式建立信賴，打下生意基礎。

只要到山葉發動機的網站，就能看到相關影片，上面拍攝了非洲的漁民們捕撈完章魚回港後，是如何小心翼翼拆下船外機帶回家的畫面，因為要是裝在船上不管，萬一被人拿走可就慘了。

山葉發動機的船外機

雖然山葉是因產品不易壞而獲得信賴，但船外機也是有可能故障，這麼一來，非洲的漁民就不能出海捕魚了，所以山葉在當地設置據點，建立好可以馬上維修的服務。

說到船外機，日本幾乎所有人都會想到機動船，多數是以休閒為目的，不過在非洲，這是捕撈章魚不可或缺的工具。

而即使出現了中國製造商，依然深具不受撼動的信賴，當地有這樣的日本製造商，並且已超過三十年，未來也將持續受到信賴。

專欄

我們應該「真正開國」

我在新冠疫情流行前，每年有將近半年會在包含非洲的國外出差，為了兼顧亞洲與非洲，所以我將據點設在了新加坡。一旦提到我住在新加坡，必定會被問：「那裡不熱嗎？」其實一點也不。

盛夏時，日本遠比新加坡熱多了，新加坡再怎麼熱，最多也就到33度左右，比起最熱時接近40度的日本，氣候宜居多了。

而且像東京之類的大都市，即使在這種酷暑中基本上也是靠徒步或電車移動，但新加坡不需要，商務人士經常會搭乘計程車或Grab（當地最大的共乘公司），使用APP就能馬上叫車。這在中東也一樣，在杜拜等地，酷夏的正中午一般人幾乎不會在外行走。

在新加坡搭乘計程車當然很便宜，起始價格大約為3至4新加坡元（240至320日圓），即使是有一段距離的市中心到機場，也大概只要1800日圓。

這讓我重新認識到，世界上計程車費最貴的國家之一似乎就是日本。TripAdvisor 貓途鷹曾在二〇一五年做過調查，「1000日圓搭計程車可以搭到多遠的距離」，根據他們的調查，日本是2.9公里，新加坡是25.5公里（約是日本的五倍），美國夏威夷7.3公里（約2.5倍），在所有調查的都市中幾乎是最後一名。

此外，新加坡有許多中產家庭也很習慣雇用幫傭，只要是一定水準以上的公寓（日本所說的大樓），都有傭人房。在新加坡，菲律賓或緬甸幫傭包住的月薪在6至7萬日圓。在新加坡，女性外出工作是很普遍的事，所以請幫傭也很順理成章，職業婦女很少需要做家事、育兒或是接送小孩，都會請幫傭去做。

同樣的情況在印尼只要1至2萬日圓，普通家庭也很習慣雇用幫傭。然後如果是在非洲，盧安達的話一個月大約5000日圓（二〇一六年資料）。如同先前寫過的，盧安達堅果的執行長是日本人，她有兩名子女，因為是全職工作，所以請了兩位幫傭，每個月聽說是1萬日圓。

煮飯、打掃、洗衣、接送小孩和小孩的教育，這一切全包5000日圓，而自己全職工作，如果在日本要有同樣的生活品質，一個月大概要20至30萬日圓。

現在的日本，如果使用管家服務，一週幾個小時，一個月數萬日圓就飛了，這就成了不是可以隨意使用的服務，我想有一部分也是因為這樣，導致希望就業的婦女能力無法被充分運用。

雖然移民問題有很多要討論的面向，不過為了不讓這樣的勞工進入日本，導致育兒家庭損失了很大的機會，再延伸遠一點，這對日本整體也是一種損失，如果放眼到全球，甚至可以說是剝奪了這類就業的環境。

此外，專家推測日本的人口往後會以每年70到100萬人的速度減少，並持續50年以上，為了維持日本的勞動力與活力，我認為應該要以吸引全球人才、資訊、資金與企業來日本為目標，做到「真正的開國」。

這才是實現財富再分配、提供機會、消除全球的不公平與貧困，真正地落實ＳＤＧｓ，是日本與新興國家的雙贏之道。

非洲小常識⑦解答

問題1 **肯亞的汽車中，日本二手車的占比為？**

③80%

問題2 **奈及利亞一年吃掉的泡麵包數為？（人口2億人）**

②20億包

第8章

非洲各國的貧富差距現況

經濟、社會、生活

非洲小常識⑧

問題1 **肯亞及盧安達大學畢業生的起薪（月薪）為多少？**

①350美元、250美元
②700美元、500美元
③1000美元800美元

問題2 **肯亞及盧安達藍領階級8個小時的日薪為多少？**

①3至5美元、1至2美元
②5至7美元、3至4美元
③7至9美元、5至6美元

從家庭訪問中得知的非洲現實

肯亞、盧安達的大學畢業生起薪分別大約是350美元、250美元（二〇一九年推估），約是3萬7000日圓到2萬7000日圓。這樣的薪資大概是日本一九六〇年代的水準，而日本在一九七二年跨過6萬日圓門檻，在一九九〇年代達到18萬日圓以上。

這讓我重新思考，日本是如何做到急速成長，急速變得富裕？三十年的時間，大學畢業生的起薪就翻了六倍，當然物價也上升了，只是很可惜的是，一九九〇年是個分水嶺，此後就再也不曾成長了。

日本三十年來的成長曲線一直是水平狀，很清楚的呈現日本經濟在這三十年間處在什麼樣的情況中，即使和已開發國家相較，美國在同一時間成長了約兩倍，只有日本一個人落後。

非洲的一大難題是如何消除貧困，趕上與全球之間的差距。不用看中國和印度也知道，必須發展經濟才有可能脫離貧困，從利用年輕便宜的勞力產業開始成長，這種亞洲型的成長方式也是一種模式。衣索比亞就利用他們便宜的勞力慢慢建立起縫製業。

非洲當然也有很多國家大學畢業生的起薪比肯亞和盧安達高。如同前幾章所述，很難以平均值瞭解整個非洲大陸，沒有任何意義，畢竟有家庭年收入 1000 萬日圓以上的人，也有生活在農村，幾乎自給自足的人。

事實上，就算光看埃及，家庭年收入超過日本上班族平均（下頁表中 C＋以上）的人數就多達13％，如果只看開羅更是有37％。

在奈及利亞，超過日本上班族平均的人口大概是3％，而家庭年收入在30萬日圓以下的人則高達68％，肯亞在這一階層的人口也占了76％，可是如果看大都市拉哥斯及奈洛比，超過日本上班族平均的人口則將近一成。

南非人口約有 5800 萬人，其中 465 萬是白人（二〇一九年統計），這些人的所得已經達到相當於澳洲等國的水準，而剩下約 5300 萬人的所得水準有大幅落差，這正是南非的特徵。

南非是由瓦斯科・達伽馬發現，之後經歷葡萄牙約一百年、荷蘭約一百年、英國約兩百年的統治，以長期的種族隔離政策聞名，而白人與非洲當地原住民的貧富差距至今仍在持續。

日本大學畢業生起薪的變遷與各國目前大學畢業生的起薪（2019年）

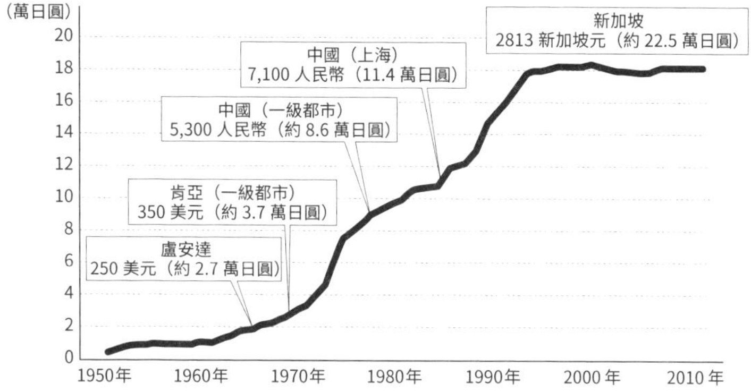

備注：非洲的大學為該國頂尖大學的大學部畢業生。
出處：AAIC 製作。

非洲的生活實況

		埃及（開羅）	奈及利亞（拉哥斯）	衣索比亞（阿迪斯阿貝巴）	肯亞（奈洛比）	南非（約翰尼斯堡）	日本（東京）
	人口（2019 年）	1億人	2億人	1億1200萬人	5300萬人	5800萬人	1億2700萬人
GDP	人均 GDP（美元）	2,573	2,049	853	1,857	6,397	39,306
家庭收入（全國）	A/B 85,000 以上	4%	1%	0%	1%	7%	19%
	C+ 35,000~84,999	9%	2%	0%	2%	6%	42%
	C 11,600~34,999	16%	3%	0%	2%	5%	33%
	D+ 6,800~11,599	36%	10%	1%	6%	13%	5%
	D 2,700~6,799	30%	16%	2%	13%	16%	1%
	E 0~2,699	6%	68%	97%	76%	53%	
家庭收入（最大都市）	A/B 85,000 以上	10%	3%	-	5%	8%	-
	C+ 35,000~84,999	27%	6%	-	6%	8%	-
	C 11,600~34,999	36%	10%	-	9%	4%	-
	D+ 6,800~11,599	25%	26%	-	26%	16%	-
	D 2,700~6,799	2%	27%	-	28%	17%	-
	E 0~2,699	0%	29%	-	28%	47%	-

出處：AAIC 根據 C-GIDD、聯合國、IMF 的資料製作。

無法以平均看待的，就是非洲，所以我們直接訪問各階層的家庭，看見真實的樣貌。

接下來要介紹北非的摩洛哥與東非的肯亞七個實際的家庭。

案例① 摩洛哥　C中產階級

這是一個生活在摩洛哥最大都市卡薩布蘭加的三人家庭，先生是普通企業的行政職，太太則是公立醫院的護理師，是雙薪家庭。先生的月薪為1萬迪拉姆（約11萬日圓），在摩洛哥被歸類為中產階級。

他們租了大樓一間兩房兩廳的房子，房租為6000迪拉姆（約6萬6000日圓），由先生的公司負擔。客廳雖然有點窄，不過就三人生活已經很夠了，廚房配備有附烤箱的獨立四口瓦斯爐，接在12公斤的瓦斯桶（40迪拉姆，約440日圓）上烹調。到了這個階層以後，就不再使用木炭或柴薪了，使用瓦斯是很普遍的事。浴室是附簡易浴缸的衛浴，保持得非常乾淨，雖然有浴缸，但他們並不泡澡，而是只使用淋浴。熱水器是電熱式的即熱型。

案例② 摩洛哥　A／B富裕階級

這家人也是住在卡薩布蘭加，不過是富裕階級的住家，位於卡薩布蘭加南部沿海，新建案林立的區域，是有約80戶住家的社區式透天厝。一家五口共同生活，先生月收4萬迪拉姆（約44萬日圓），是摩洛哥全國收入的前6%（C-GIDD，二〇一八年）。

他們住在二〇一五年以55萬美元（約6600萬日圓）購入的自有宅，有21至24坪的寬敞客廳、廚房裡有義大利Zanussi公司製造的小家電、浴室共有三間，是摩洛哥每個人都會羨慕的格局和生活品質。熱水器在摩洛哥一般有電熱式或像日本一樣的瓦斯熱水器，這家原本使用的是電熱式（法國製），但經常成本（電費）是一大負擔，所以換成了太陽能熱水器。

此外，在這個階級會僱請幫傭，所以自己做家事的家庭愈來愈少。

案例③　摩洛哥　D至D+中下階級

這個階級的家庭會請認識的木匠（有經驗者）自己蓋房子。雖然不清楚收入水準，不過在摩洛哥被分類為低所得階層。住戶是三名女性，屋內很普通，有經常性供電，格局也是明確地區分為客廳、廚房、寢室和浴室。新興國家的低所得階層在烹煮時經常是使用木炭或柴薪，不過摩洛哥一般是使用瓦斯，而且瓦斯爐不是單純的瓦斯臺爐，還是附烤箱的類型，似乎是因為可以在家裡烤名為Khobz的圓扁麵包，所以摩洛哥人偏好附烤箱的瓦斯爐。

另外，在冬天可到10度以下的卡薩布蘭加，即使是低所得階層熱水器也是不可或缺的用品，這個家庭也裝設了附儲熱水桶的電熱水器，附帶一提，她們之所以不用瓦斯熱水器，而是選擇電熱水器，是因為害怕瓦斯外洩。摩洛哥普遍使用的不是天然氣，而是桶裝瓦斯，所以很多人抗拒在浴室裡放瓦斯桶。

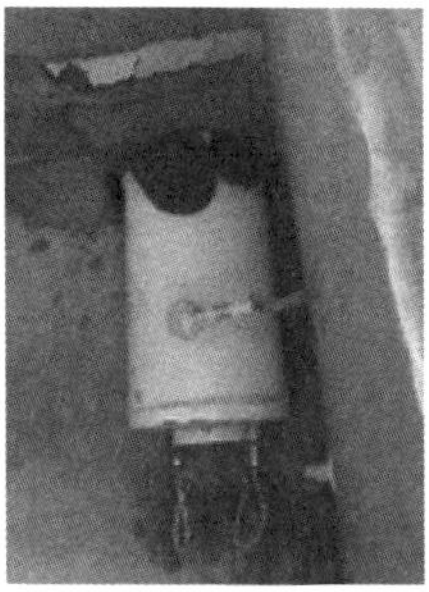

案例④　肯亞　E貧窮階級

從摩天大樓和住宅大樓櫛比鱗次的奈洛比中心開車10至20分鐘，就會來到非洲規模最大的貧民窟基貝拉（Kibera）。

奈洛比人口為439萬人（二〇一九年肯亞國家統計局），其中就有約100萬人生活在基貝拉。道路沒有鋪上柏油，以土塊或石塊建造的房屋密集並排，是個連自來水或電線等基礎建設都不完善的地區。

這個家庭的成員是60多歲的女性，每天靠賣菜賺得的200肯亞先令（約200日圓）左右生活。令人驚訝的是，即使是這樣的所得水準，烹調時也是使用瓦斯。雖然在鄉下地方還是以使用木炭和柴薪為主，基貝拉也不例外，不過肯亞使用烹調用瓦斯的人在過去10年增加了3.1倍（肯亞國家統計局），代表LPG（液化石油氣）革命也擴展到了基貝拉。

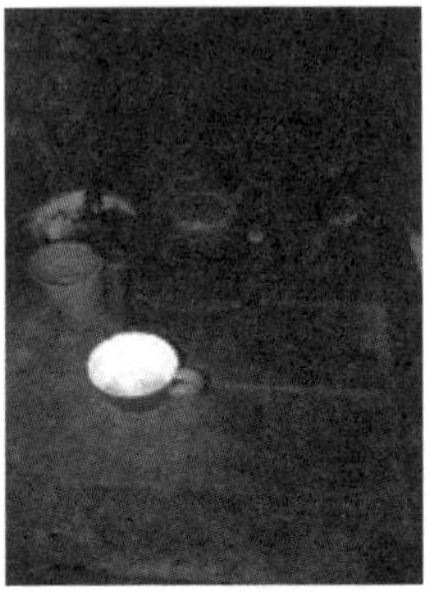

案例⑤ 肯亞 D中下階級

生活水準比基貝拉的家庭還好的這一家，在銀行工作的女性約收入為5萬肯亞先令（約5萬日圓），是養活一家五口的經濟支柱。房租1萬8000肯亞先令的這棟房子是間一層樓建築，以石塊建造加上鐵皮浪板屋頂，非常簡單的構造。基貝拉的那個家庭是土塊造牆，所以這一家稍微進步一點。

往內看家中設備，有一臺小型液晶電視，一家人聚在一起看電視是他們的習慣。廚房內有獨立瓦斯爐，16年前從朋友那裡得到的瓦斯爐，直到現在還在使用，因為沒有天然氣，所以連接在桶裝瓦斯的開關閥上使用。此外，雖然有浴室但沒有熱水器。奈洛比早晚寒冷，因此這類家庭一般都是在廚房燒熱水後搬到浴室洗澡。

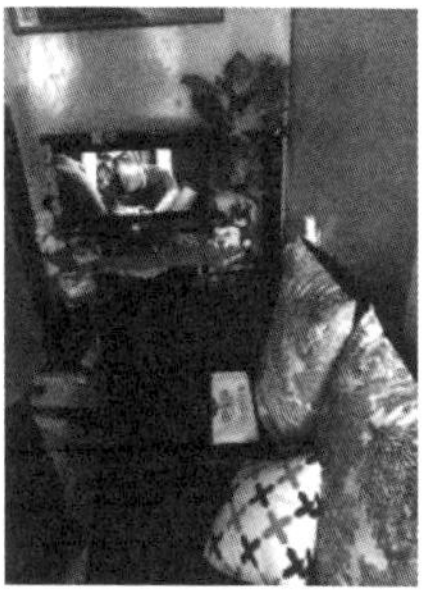

案例⑥　肯亞　C+中上階級

社經水準再往上走，就來到了房租要5萬肯亞先令（約5萬日圓）的家庭。這個階級居住的公寓外觀很不錯，事實上只有一名女性居住，她租了三樓的一房兩廳。職業與教會有關，內容是支援女性獨立自主，而且還在Airbnb出租房間做副業。

烹調時使用的依舊是瓦斯，3年前花4萬7000肯亞先令購買的獨立四口瓦斯爐（製造商為土耳其beko）接在桶裝瓦斯上使用。仔細看照片，可以看到左後方是電磁爐，這是為了瓦斯用光時依然可以用電力烹煮的替代設計。浴室裡雖然沒有浴缸，不過有電熱水器（巴西製），不擔心沒有熱水沖澡。

案例⑦ 肯亞 A／B富裕階級

這一家是住在四連棟四層樓公寓社區的富裕家庭。租來的房子為3房兩廳，附家具的房租每個月18萬肯亞先令（約18萬日圓），在奈洛比，可以住在這種等級公寓的當地人，大多數是前5％的金字塔頂端階層。

所有生活用具都已電氣化，烹飪使用的是獨立四口電磁爐（製造商為Ariston），浴室裡的熱水器也是電熱式。

他們有自用小客車，週末會去咖啡廳，也會在超市買東西，這種生活方式是肯亞人的夢想。

拜訪非洲各家庭後明白的事

敝公司拜訪了累計將近 100 個非洲家庭，國家也分散在摩洛哥和肯亞等幾個國家。拜訪每個家庭，請對方讓我們觀看客廳、廚房和浴室，當然我們也有準備回禮，也問了他們房租多少、年收入大概多少等私密問題。

我自己也拜訪了幾個家庭，去了低收入的盧安達農村裡，沒水沒電沒瓦斯也沒有廁所的家庭。他們的房子是土塊蓋的，屋頂則是茅草，因為沒電所以室內昏暗，但家裡非常乾淨，大門四周有像草皮的植栽，修剪得很整齊。我每一年都會拜訪同一個村莊，因此看見了他們連年來的變化。

我第一次開始造訪以來的這七年間，他們的生活變化是肉眼可見。鄉下的農村改變最大的，就是孩子們不再赤腳走路，現在大家都會穿拖鞋了。在這之前，有半數以上的孩子都光著腳，二手T恤也破破爛爛，但依然天真開朗。而在這7年間，不再有赤腳的孩子了，身上的T恤也變得乾淨整齊。

農村地區的成人現金收入一天約 150 至 200 日圓，在田裡工作時也是赤腳或穿拖鞋。在夏威夷豆農場工作時有配備長筒鞋給當地人，結果大家都很高興地說這是有生以來第一次穿長筒鞋。當然，如果到首都吉佳利，就會看到每個人都穿著鞋子而不是拖鞋。

另外，在盧安達的7年間，電線慢慢拉到了鄉下的農村地區，即使是與蒲隆地國境沿線的最偏遠村莊，也出現了細細的電線，讓我很感動。

在奈洛比經常可見奇特的建造中建築，像是二樓蓋到一半，一樓卻已經有人住了，本來以為是工程暫停了，沒想到其實工程正如火如荼進行中。

在非洲，住在一樓的人一旦存了錢，經常會繼續往上蓋二樓，若依然還有錢，就再往上蓋三樓，他們會像DIY一樣自己蓋房子，因為幾乎沒有地震，所以可以這麼做。

水泥磚頭一個50至100日圓，如果是土磚一個5至10日圓，他們會自己買磚頭往上砌。仔細一想，讓我再次意識到，就在不久前，人們也是這樣自己蓋房子的呢。

而GDP一旦超過1000美元，就會由政府主導組織住宅團體，蓋出近代類型的公共住宅。衣索比亞等部分國家正在這麼做。

我在肯亞拜訪的是收入最低階層的人家，不但缺乏電力，也沒有瓦斯爐，一天的收入約200日圓。

他們有公共水龍頭，只是不能直接喝，必須煮沸後才能飲用。下水道還不完善，所以任意排出廢水，目前只有新的建築物設有淨水槽，也才剛訂立規範而已，給我的印象就像是我小時候，昭和40年代（一九五〇年）的日本一樣。

缺乏電力究竟是幸或不幸？

在我拜訪各個家庭時，看到也有許多非洲人過著與日本人無二異的生活，在當地，只要家庭年收入收過800萬日圓，就可以過著相當富足的生活。另一方面，即使家庭年收入只有100萬日圓，日子也不一定就會過得很辛苦，因為物價水準也很低。

生活在農村的人家中，有許多戶家庭是沒水也沒電，但若問他們這樣的生活是否貧困，他們倒也不這麼想，孩子們依然天真地到處跑來跑去，他們的生活只是現金收入較少，但靠著自給自足日子並不辛苦。

他們沒有像日本一樣居無定所，每天在網咖度過夜晚的人，沒有這樣的貧窮。

當然在貧民窟或因為國家內戰成為難民逃亡的人們生活的地區就很嚴苛了，不過NGO及NPO也很努力在支援這些人，基本上已經沒有人餓死了。

農村生活很悠閒，沒有人貪心不足。這不代表他們很懶惰，大家依然會為了生活從事某項工作，例如下田、搬運柴薪或水，或是做點小買賣。

事實上以前的日本也是這樣，在我祖父的那個年代（明治38年＝一九〇五年生），擁有固定工作的人被稱為「月薪族」，是很稀少的存在。那個時代人口的八成都住在農村，村裡的生活幾乎是自給自足，農家次男之後的孩子普遍都在幼年時就去打雜工作。

這樣的生活在二次世界大戰後迎來經濟高度成長期，孩子們開始就讀高中或大學，人們漸漸搬到都市居住。我想非洲之後也會正式迎接這樣的時代。

只是他們給我的印象是，完全不覺得現在的生活有任何不幸之處，我在前去做家訪問時，他們也都以無憂無慮的笑容回應我，這樣開朗的性格或許也是非洲的特色。

先瞭解下一個主要都市

收入最低的階層（E階級，家庭年收入未滿2700美元／30萬日圓）在埃及有約6％，奈及利亞有68％，喀麥隆為76％，烏干達91％，至於衣索比亞則是97％，雖然擁有1億人口，但幾乎所有人都住在農村，從事農業，驢子會在附近昂首闊步。雖然埃及和衣索比亞不能視為同一個非洲，但這也可以說是農村與都市的差距。

奈及利亞也是全國E階級占了68％，不過最大的都市拉哥斯E階級只有29％，家庭年收入在日本上班族的平均年收入以上（C＋以上）的家庭在拉哥斯則有約9％。拉哥斯人口有2000萬人，代表有約200萬人的家庭年收入與日本一樣。

若到埃及的開羅，這個階層（C＋）以上的人口更是增加到37％。奈洛比有11％、南非的約翰尼斯堡16％、摩洛哥的卡薩布蘭加也有16％。

與日本人相同，或是擁有更高購買力的階層就是有這麼多人，這個階層不但有車，考量到當地物價水準，他們的生活比日本人要來得富裕多了。

過去中國急速成長時，經常有人說策略就是要從一級都市往二級都市拓展生意，在攻下上海、北京、深圳之後，接著就要往廣州、天津、重慶、成都等都市前進，光是二級都市現在就有30座。

印度也是同樣情況，在德里、孟買站穩後，下一個進軍地點就是海德拉巴、清奈、加爾各答，這五個區域是印度的據點。德里為政治都市，孟買為商業都市，都是數一數二的大城市。海德拉巴和班加羅爾的IT產業正在成長，清奈則是南方的中心都市，日產汽車等製造商在當地有工廠。

相同的概念若搬到非洲，人口更多、人均GDP更高，且是當地商業據點的一級都市，就是開羅、拉哥斯、約翰尼斯堡、奈洛比等四個城市。下一級的二級都市東有阿迪斯阿貝巴（衣索比亞）、三蘭港（坦尚尼亞）、吉佳利（盧安達）；西有阿克拉（迦納）、阿必尚（象牙海岸）；北有卡薩布蘭加（摩洛哥）、喀土穆（蘇丹）；中央有魯安達（安哥拉）、金夏沙（剛果民主共和國）。

各個都市都有自己的特色，也有無窮的潛力，瞭解下一個主要都市也是很重要的事。

下一個主要都市

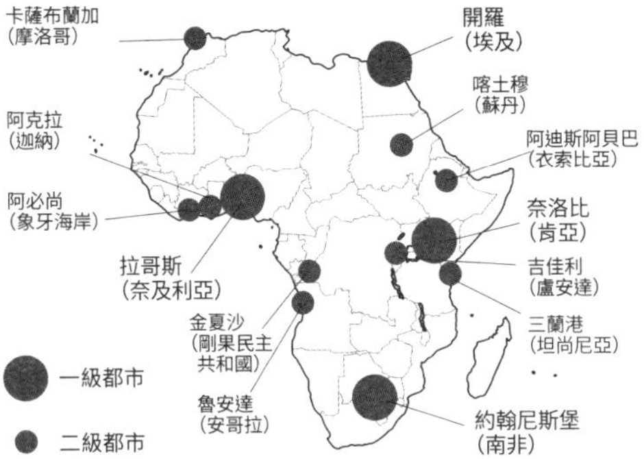

出處：AAIC 製作。

什麼樣的生活在盧安達的首都算是富裕？

經營農場與堅果加工廠的我們公司「盧安達堅果公司」，辦公室設在盧安達首都吉佳利。

那是個很美的城市。政府機關、銀行、飯店林立的首都中心，有五星級飯店萬豪酒店及塞雷納飯店（Serena Hotel），也有近代風格的購物中心，街上整排的摩托計程車也是日常風景。

盧安達堅果公司也有日籍員工，大家都攜家帶眷上任，三個家庭加上小孩，一共有11人。外人常常感到吃驚的，是公司社長為日本女性。原田桃子，過去曾任職瑞可利，才新婚不久，就獨自至非洲就任，之後另一半也搬到盧安達，他們在當地生了兩個孩子。

另一位男性以前是京都大學美式足球社成員，曾任職大型商業公司，現在是COO，之後他結了婚，另一半也在盧安達工作，兩人有一個孩子。

另一人是畢業於慶應義塾大學的會計師，現任CFO。他的另一半原本是海外青年協助隊成員，曾經任職於非洲，受此影響，他也來到了非洲，據說是非洲唯一的日籍會計師。他也有兩個孩子。

社長原田在學生時代曾到過非洲一次，她非常喜歡非洲。她在當地生產時，原本我很擔心她，但她卻回我：「非洲人也會生小孩。」她說的確實沒錯。

附帶一提，她曾在法國留學，法文很流利，和當地的年長者都以法文溝通。盧安達以前是比利時的殖民地，直到二〇〇八年法文都是官方語言。

來到非洲後，有些人會擔心孩子的學校，其實盧安達有來自全球各地的大使館、國際機關、NGO及NPO的職員，所以有適合這些職員的孩子們就讀的學校，尤其是低年級的教育水準很高。

有些人可能會擔心治安，其實盧安達在非洲之中算是安全的國家，夜晚女性也可以放心外出。

原田也說過：「在吉佳利育兒比較輕鬆。」畢竟物價便宜，而且雇用全天候幫傭一個人也只要大概5000日圓（二〇一六年資料）。從家事、育兒、接送上下學，幫傭都會代勞，她雇用了兩人，合計每個月1萬日圓左右。

察覺到這個魅力之後，原田推薦她以前在瑞可利的後輩，現在是單親媽媽的女性來盧安達。這件事之後會再詳細描述，她之後來到盧安達獨自開餐廳，獲得了莫大成功。

貪腐程度每個國家都不一樣

有些人會害怕到未開發國家會不會被騙，或是被索賄，最簡單的例子就是搭計程車會不會被敲竹槓。

不過現在拜優步（共乘服務的大公司）的出現所賜，這樣的情況可以說是完全消失了。這是一大變化。許多非洲國家都可以使用優步，只要利用這項服務就可以放心了，我們在當地也幾乎都是以優步代步。

付款是刷事先綁定的信用卡，所以不需在乘車時拿出現金，也不用擔心對方摸走零錢，利用 Google 地圖也可以查詢路線，行車路線也會保留在記錄器中，大幅減少了司機繞遠路等糾紛。在新興國家的交通方式，改變最大的地方或許就是出現了優步。

貪汙在清廉印象指數較低的國家相對還是存在，非洲各國整體來說，確實有很多指數低的國家，也經常聽到他們的各項審查沒有進步。

在部分機場如果不給「小費」，就會被命令打開行李箱，或是故意刁難不給過海關的案例。

不過這幾年（二〇二〇年）我真切感受到這種事減少了。7、8年前在許多機場都常被命令「打開行李箱」或「這是什麼」，但這兩年開始幾乎不再有人這樣要求。

只是依然有部分機場，每次過關時還是要給大概10美金才能順利通關，這似乎已經成為慣例了。

在清廉印象指數低的國家，即使是生意往來也經常有索賄的習慣，原則上，我建議日本企業千萬不要回應，因為只要回應一次就沒完沒了，各國現在也都努力在防止賄賂／嚴訂企業規則，所以不要回應這種索求。

其他還有在當地開車時，警察會以小事為由藉機糾纏，有些國家甚至會要你去警察局一趟，這在東南亞也經常發生，但對策只有儘可能小心，避開這些糾紛。

盧安達等國家的清廉印象指數在非洲諸國中是排名前面的優等生，我覺得是最清廉的國家，我從來不曾遇到怪事，或許只要國家的領導人清廉，大家就會跟著清廉。

關於日本人的入境規定，南非不需要簽證，埃及則是觀光可用落地簽，盧安達和肯亞需要事先申請電子簽證。需要事先申請簽證的國家雖多，不過相對容易取得。

駐非洲大使館一共有54處據點（二〇二〇年），有一部分國家兼任鄰國的業務，不過日本和54國都有邦交。

奈及利亞開始出現的交通大堵塞

前面提到，在人均 GDP 超過 1000 美元之後，到 3000 美元之間的這段期間會出現的建設中，有公共住宅和高速公路。

日本的話，是在一九六六年左右超過 1000 美元，一九七二年左右超過 3000 美元，多摩新市鎮和千里新市鎮都是在一九六〇年代末期到一九七〇年代開發的；首都高速公路是在一九六二年通車，東名高速公路是一九六八年，中央自動車道至八王子的那段路線是在一九六七年通車，全線通車則是一九八二年。

剛好現在衣索比亞的阿迪斯阿貝巴正在大量建設公共住宅，也有巨大的工業園區。中國開闢的「東方工業園區」二〇〇八年啟用，第一期為 233 公頃（48個東京巨蛋），累計的投資額為3億美元。那是個阿迪斯阿貝巴郊外的幹線道路沿路上，都矗立著中文招牌的大工業園區，第一期的招商幾乎已經額滿。

衣索比亞的高速公路已經完成，蜿蜒在海拔2700公尺高的高地上，剛通車時我曾開過，沒什麼車，是條非常舒適的高速公路。

拉哥斯的交通堵塞

而人均GDP一旦超過3000美元，就一定會發生大塞車，這是因為車輛增加的速度比都市基礎建設增設的速度還要快的關係。

一九九〇年代，泰國曼谷的大塞車全球知名，因為基礎建設還沒蓋好，車輛增加速度卻太快，導致無法消化，不過這個問題只要花個十年就可以逐漸解決。曼谷現在有地下鐵、BTS（Bangkok Mass Transit System）、環狀道路、高速公路，塞車狀況比以前好很多。

事實上日本以前也是這樣，一九六〇年代初期，從都心到羽田機場要花3個小時，現在開高速公路只要20分鐘。以前國道1號線到處都是鐵路平交道，很常塞車，完全沒在前進。

於是在舉辦東京奧運（一九六四年）時，才慌忙蓋了首都高速公路，趁著要舉辦奧運的時候，努力改善了基礎建設趕不上車輛增加速度的不足之處。

印尼的雅加達也是以塞車聞名的地方，現在他們蓋了兩條地下鐵，可以期待往後交通得以紓解。目前非洲塞車塞到動彈不得的地方，是奈及利亞的拉哥斯和肯亞的奈洛比。

奈洛比這五年來，建設了高速公路、外環道路，也計劃了將蒙巴沙路這條幹道立體化，或是改成高架高速公路。這些工程的絕大多數，都是由中國企業得標施工。日本也使用了ODA預算進行部分主要道路的拓寬工程，可是其規模大小和中國相比是雲泥之別。

據推測，二〇二五年以後日本國內的基礎投資會減少，在規劃未來時，最好也將投資非洲納入考量。

今後非洲幾乎所有都市都會發生大塞車，其實部分都市已經發生了，每一個國家都在尋求解決方式，邁向都市化的同時，完善基礎建設的需求非常龐大。

專欄

下一個興起的都市在哪裡？

正文中也有提到，現在非洲的一級都市為開羅、奈洛比、拉哥斯、約翰尼斯堡四座，每一座都是該地區GDP最高的國家的最大都市，是地區經濟的中心。

我想帶大家看看下一波發展的二級都市。

若是東非，就屬阿迪斯阿貝巴（衣索比亞）了，這是非洲人口第二多，擁有1億人的國家的首都，位於海拔2300公尺高地，氣候非常涼爽。

公共住宅的建造風潮、高速公路加上高速鐵路，還有都市BTS環狀線都已經完成。衣索比亞最大的關注之處，是亞洲型的經濟發展模式，現在土耳其、中國、韓國有數百間縫製工場遷移到衣索比亞，他們運用便宜豐富的人才，以輕工業的出口模式發展經濟，其成果受到很大的矚目。其他像花卉出口也是非洲第二，每天都有玫瑰等花卉出貨到歐洲。

接著是三蘭港（坦尚尼亞）。坦尚尼亞人口5800萬人，比肯亞還要多，天然資源豐富，土壤肥沃，是得天獨厚的國家，還有吉力馬札羅及塞倫蓋蒂國家公園等全球數一數二的觀光資源。相較於奈洛比，還是個步調悠閒的都市，不過隨著政治領導力的提升，今後將有很大的潛力。

東非還有另一個都市，就是吉佳利（盧安達）。盧安達是個人口約1200萬人的內陸國，在現任卡加米總統的帶領下，經濟持續快速發展，氣候宜人、治安也很好，因此有許多外國人居住在當地。由於位處非洲內陸中心，若能成為該地區的樞紐將會擁有很大的可能性。「實驗國家」、「成為非洲的新加坡」等，擁有明確的目標，很少貪污案，決策也很迅速，非常適合在這裡從事實證事業。

如果是西非的話，阿克拉（迦納）是熱門都市。這裡可以使用英語溝通，治安也很好，因為這些條件，包含JICA在內的日本企業將這裡作為西部的據點，派駐了很多員工。政府職權也很平衡，若在有能的領導階層帶領下，是個往後值得期待的都市。

阿必尚（象牙海岸）也很有魅力。阿必尚原本是法國在西非的殖民地中心，特色是充滿法式風情的美麗街道，雖然曾因內戰發展停滯，現在則恢復平穩，是接下來備受期待的都市。非洲開發銀行的總行也設在阿必尚。

北邊則是卡薩布蘭加（摩洛哥）。與其稱之為非洲，更像是歐洲的度假村，有多間購物中心、高級時裝店、高級餐廳，生活有著與先進國家無異的一面。

北邊的黑馬則是喀土穆（蘇丹）。人口4200萬，曾長期受到埃及和英國的共同統治，雖然經過南蘇丹獨立和連年內戰，不過在二〇一九年交戰各方同意組織暫時的統治機關，目標是創造新國家。二〇二〇年十二月，美國從支持恐怖份子名單中將其刪除後，充滿了歐美企業即將蜂擁而至的氣氛。這裡是白尼羅河和藍尼羅河交會的肥沃土地，有多間高水準的大學及腳踏實地的民間企業，令人期待未來。

中非地區的話，魯安達（安哥拉）具有高度發展。因為大量石油資源，獲得了中國龐大的投資，人均GDP很高，醫院的水準也很高。過去曾是葡萄牙的殖民地，因此葡萄牙語為官方語言。無論是地理上或語言上都很相近，所以和巴西交流熱絡。

最後的都市是金夏沙（剛果民主共和國）。以政治不穩定、清廉指數極低、治安也很差聞名，不過是個人口8700萬，中期可能成長到2億的大國。國土大半部分為叢林，天然資源豐富，如果出現優秀的領導者，潛力將不容小覷。對日本企業來說毫無疑問是個高門檻的國家。

這些都市能否發展，都只受到政治領導力左右，端看是否會出現不將國庫當財庫，而是真心為國家著想的領導人物。為了賭上一把，最好是親自到當地，感受一下那裡的活力。

非洲小常識⑧解答

問題1 **肯亞及盧安達大學畢業生的起薪（月薪）為多少？**

① 350美元、250美元

問題2 **肯亞及盧安達藍領階級8個小時的日薪為多少？**

① 3至5美元、1至2美元

第9章

非洲正在進行令人吃驚的巨大開發案

基礎建設開發

非洲小常識⑨

問題1　奈及利亞規模最大的企業集團參與的開發計劃規模有多大？

①填海造陸創造出啦啦寶都都市船塢豐洲大小的土地（約6．7公頃）

②填海造陸創造出東京迪士尼度假區大小的土地（約49公頃）

③填海造陸創造出東京都千代田區大小的土地（約1000公頃）

問題2　非洲第一條高速鐵路「奈洛比新幹線」從奈洛比到蒙巴沙之間的距離有多遠？

①180公里（相當於東京到靜岡）

②340公里（相當於東京到名古屋）

③470公里（相當於東京到京都）

在西非打造杜拜的龐大計劃

目前非洲各地都在計劃各種大型開發案，有一部分已經實現中，而其中可稱為佼佼者的，就是拉哥斯的「Eko Atlantic」，這是由奈及利亞的大財閥集團「Chagoury」所提出的「打造西非杜拜」的計劃。

他們花了約 2000 億日圓，填海造陸創造出 1000 公頃土地，大小等同於千代田區，除了住宅用地，還在那裡打造出備有飯店、商業設施、辦公大樓的市街，住宅則是預計建設可供25萬人入住的大規模住宅。

最吸引人的部分，是這塊 1000 公頃大的土地位置，如果以東京來比喻，就在大手町或銀座的隔壁，這塊地就填在奈及利亞首都拉哥斯，2000 萬人都市中心的旁邊，接壤最高級的地區。

意思就是都市旁邊就有一片可以用來填海造陸的絕佳淺海地區。東京也是於江戶時代在東京灣填海造陸，擴大了築地的範圍，而拉哥斯現在正在做同樣的事。

關於西非先前也說過，那是以奈及利亞為中心，擁有5、6億人口，非洲最具潛力

Eko Atlantic 的完成示意圖

的地區之一，但是目前還沒有成為商業中心的核心地帶或都市，所以才會以填海造陸的方式打算創造一個。

這裡是自由經濟區，因此基本上免課稅也免關稅，門戶城市治安有保障，也有完善的專用發電廠。關於拉哥斯知名的雨季道路淹水，也設置了大型排水設備來應對。

在經過十二年之後，第一期填海造陸已經完成了，提供該項技術的公司，是丹麥的企業，他們的宣傳口號就是即使出現千年一遇的20公尺高海嘯也抵擋得住。很可惜的是，日本企業完全沒有參與。

該計劃是以私人企業Chagoury集團為中心，在奈及利亞政府、拉哥斯州、歐洲企業，甚至還有黎巴嫩政府的支持下推動。Chagoury集團的創辦人一家是黎巴嫩人，西非和法國的關係很好，因此與同樣曾為法國殖民地的黎巴嫩有深遠連結。

資金方面，有BNP法國巴黎銀行、Access Bank、奈及利亞第一銀行等法國和奈及利亞的大型銀行出資，這是一項徹頭徹尾由民間財閥集團主導的計劃。

計劃的開工典禮招待了全球的貴賓出席，集團總裁和奈及利亞總統自不用說，美國前總統比爾・柯林頓也有現身。

光是填海造陸就花了十年以上的時間，接下來會在十年之間逐步建蓋出建築物。

這裡毫無疑問地會成為西非的一大據點。既然都要在非洲設立辦公室了，我們也正在討論能否參與計劃，過了十到二十年之後，這裡很有可能成為非洲的杜拜。

二〇一七年通車的非洲高速鐵路

先前稍微介紹過，肯亞的高速鐵路「奈洛比新幹線」（Nairobi Standard Gauge Railway）於二〇一七年五月通車，先行開通的是從首都奈洛比到蒙巴沙的約470公里，大約等同於東京到京都的距離（約500公里）。

這是中國「一帶一路」政策的一部分，由中國的技術和資金（約八成來自中國的支援）建造出來的高速鐵路，五年內由中國人給予技術指導，然後慢慢轉移給肯亞。

不過奈洛比新幹線並非只有這樣而已，這個計劃會大範圍連結東非，除了已經通車的吉布地到阿迪斯阿貝巴，還會延伸到衣索比亞、烏干達、盧安達、南蘇丹、剛果等國。

奈洛比新幹線（Nairobi SGR）

往後的鐵路計畫

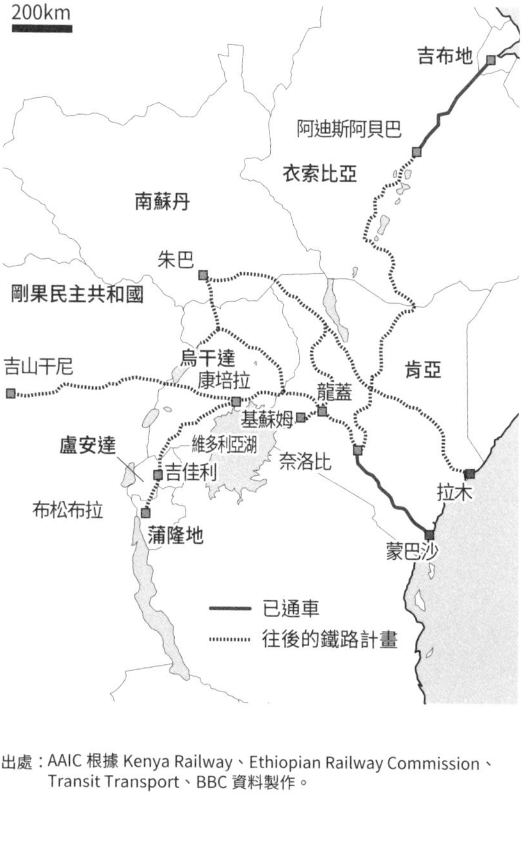

出處：AAIC 根據 Kenya Railway、Ethiopian Railway Commission、Transit Transport、BBC 資料製作。

這個計劃的背景是中國的一帶一路政策，所以這段高速鐵路也深入參予其中。

而這其中牽扯了非洲各式各樣的問題，例如衣索比亞，在吉布地和厄利垂亞相繼獨立後，現在已無臨海國土，首都位於內陸。

所以建設從身為出海玄關的吉布地到坦尚尼亞最大都市三蘭港之間的高速鐵路和高速公路，是與全球化經濟接軌的重要方式。

往後只要繼續拓展路線，就會誕生連接烏干達首都康培拉、盧安達首都吉佳利、蒲隆地首都布松布拉等東非主要國家首都的交通大動脈。

甚至還有總有一天要從這裡橫跨整個非洲大陸，連接到大西洋的構想。

這樣一看，盧安達可說是位於東非內陸中心，能夠擔任內陸樞紐的位置。

高速鐵路不只能讓人的移動更方便，其實最主要的目的是運送貨物。降低非洲大陸內的物流成本，以及提升速度，會帶來很大的影響。過去將鐵路延伸到東非的國家是一八九〇年代的英國。

在那之後的新鐵路是奈洛比新幹線，整個鐵路計劃由此開始，光是這一點對東非來說，就具有極大的意義。

加速投資海外基礎建設的中國

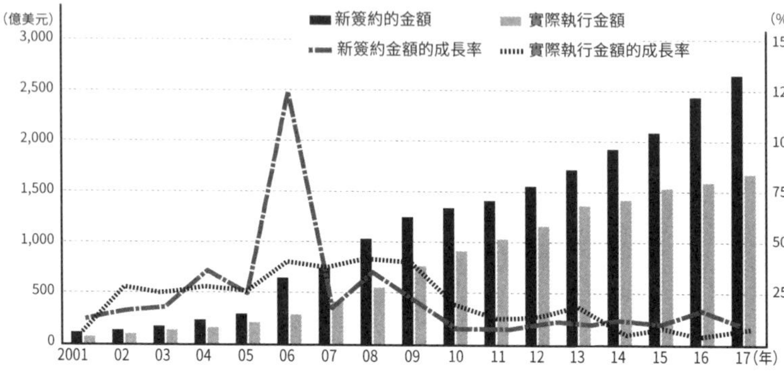

出處：AAIC 根據中國商務部的資料製作。

非洲因中國的一帶一路構想而大範圍串連

中國投資海外有多厲害？他們的海外投資每年都在持續增加，二〇一七年達到2653億美元（新簽約的金額），換算成日幣約30兆日圓。

事實上日本的年度基礎建設投資規模約為28兆日圓，也就是說，中國每年在世界各地撒下與日本基礎建設幾乎相同規模的金額。

順帶一提，中國國內的基礎建設投資金額約120兆日圓，建築市場的規模約80兆日圓，這與美國約79兆日圓的規模相當。

其中從中國成為非洲最大的投資者，就可以淺顯易懂看出中國有多著力在非洲上。

透過一帶一路投資全世界的金額中，有約8兆日

中國的海外投資對象（一帶一路相關）比率（2017年）

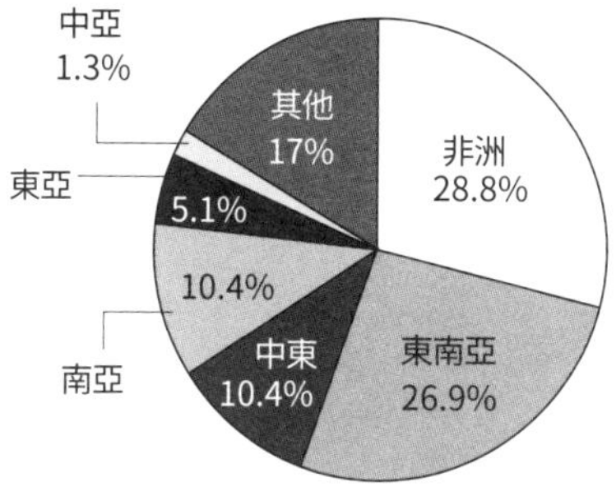

總額 2,653 億美元（約 30 兆日圓）

出處：AAIC 根據中國商務部的資料製作。

圓用在非洲，相當於高達29%的比率，比投資東南亞的27%還多，是最大占比，第三高是南亞10%、中東10%，然後是東亞5%。

如果看投資非洲的細項，最大的投資對象是奈及利亞，約1兆2000億日圓，占4.3%，接著是肯亞、安哥拉、衣索比亞、阿爾及利亞、尚比亞、迦納，這些都是「一帶一路」政策的一環。

不過再怎麼說一年的投資金額就高達8兆日圓，透過這種方式，中國慢慢累積「人情」，而這樣的模式最近開始被稱為「債務陷阱」，有不少國家累積的借款金額已經高達將近GDP的100%。

在南東亞中發生這種情況的國家為柬埔寨和寮國，中亞則是吉爾吉斯和哈薩克，一旦陷入這種境地，就不得不言聽計從，非洲則是安哥拉、尼日等天然資源國為多。

非洲從全球借入的金額一共約80兆日圓，而其中有約21兆日圓是向中國借來的。如果持續無法償還借款，中國會不會利用先前提到的合約要求長期租借？這樣的不安似乎開始由此滋生。

事實上，斯里蘭卡的港灣就已經被用這種方式租借出去了，專家認為下一個有這種可能性的是非洲的吉布地。中國想要控制港灣，因為在前往印度洋，甚至是大西洋時，有個中繼基地在安全保障上具有很大的意義。

正在向全球輸出經濟模式的中國

先前已經寫過，中國之所以積極投資非洲，其背景在於想要掌控資源，以及增加國際輿論的同伴，另外還有一個，就是想要實現「中國夢」的心願。

自鴉片戰爭之後的約一百八十年，中國處於一段屈辱的歷史中，為了搶回屬於「中國的時代」，他們開始進軍全球，而從歷史可以得知，想要掌握全球霸權，重點就在於掌握海上霸權，所以一帶一路也包含了港灣等海洋出入口。

最近他們開始主張中國特色的國家模式比歐美模式還要優秀，可以看見中國積極向世界推銷可稱為「科技極權主義」的國家模式。

中國在這三十年間一躍成為經濟大國，瞬間超車經歷泡沫經濟破滅、失落二十年的日本，現在中國的 GDP 規模為日本的大約三倍，成為全球第二的經濟大國，專家預測中國將在二〇二八年超越美國成為全球第一。

中國成功的重要因素中，其中之一就是中國特色的經濟發展模式，也就是極權主義式的經濟發展模式，他們認為因為民主政治意見分歧，事情無法順利進行，所以新興國家在發展時應該使用此極權模式會更好，非洲若採用此模式就有發展的可能，他們認為這成為一種經濟發展模式是件很合理的事。

不僅如此，在這次的新冠疫情應變措施中，中國也認為自己的方式運作得比歐美還要好，沒有像美國一樣有約 3000 萬人感染，50萬人死亡（二〇二一年二月）。中國國內也不曾發生在總統選舉期間闖入國會，或是因種族問題引發暴動等，所以他們認為自己的發展模式更優秀，中國模式更優秀。

事實上我感覺到最近愈來愈多年輕中國人也是這麼想的，在香港問題上，中國大陸的年輕中國人反應非常冷淡，他們認為香港本來就是中國的領土，是香港人無理取鬧。只不過他們似乎也不真心信賴政府，所以想盡辦法將資產送往國外。

這三十年的發展、成為全球第二的經濟成長、變得富裕的生活，這些都很值得讚賞，是很了不起的成就。不僅日本的發展是如此，中國的發展也必須仔細研究，將優點應用在非洲的發展上才是。

另外，關於中國夢、中華民族復興，每個中國人都深信不疑，他們相信中國有5000年歷史，只是不巧在這200年間落後於西歐，不過接下來中國將會崛起。

所以在中華人民共和國建國百年的2049年，國力可能超越美國成為世界第一的這個推論非常打動中國人的心，我想中國的這份傲氣，往後應該會愈來愈強烈。

專欄

非洲版歐盟的構想「非洲聯盟（AU）」

非洲各國近年來正致力於推動團結整個非洲大陸，非洲聯盟的想法可以說正是其象徵，由非洲55個國家／地區參加，成為世界上最大的區域機構。

若看日本外交部的網站，上面寫到為了實現非洲更進一步的政治／經濟統合，以及加強預防／解決紛爭，因此於二〇〇二年七月開始推動此想法。

有趣的是，過去北非各國認同自己屬於中東國家更勝於非洲國家，因為不但語言、宗教、民族都比較相近，受到阿拉伯文化的影響也很大，不過最近他們認為自己身為非洲一份子的氣氛也愈來愈濃烈，北非諸國當然也都加入了AU。

除此之外，非洲還有其他的區域聯盟。ECOWAS（西非經濟共同體）主要是西非15個國家／地區的聯盟；EAC（東非共同體）成員則是東非的6個國家；SADC（南部非洲發展共同體）為非洲南部的16個國家，無論哪一個區域聯盟，都是讓人、貨、錢可以自由流動的經濟共同體，現在各個共同體內幾乎都已經實現了人的流動。

因此肯亞人可以不需要簽證就前往坦尚尼亞，另外，也可以在自己國家以外的地區工作。零關稅也是他們中長期的目標。

而最劃時代的，莫過於非洲大陸自由貿易區（AfCFTA），中期目標是整個非洲國家間零關稅。二〇二一年1月已開始運作，只是達到零關稅之前尚有各個階段要走，似乎還需要花上一段時間，不過已經是一大進步了。像歐盟那樣統一貨幣可能還是遙遠未來的事，不過關於人與貨物的流動，各國已經達成共識要以整個非洲為一個經濟單位。

中國和印度因為是一個國家所以才能興盛，但如果像非洲這樣各自為政的話，以經濟單位來說勢力非常單薄，我想非洲諸國們都已經體悟到了這一點。

附帶一提，AU的總部大樓位於衣索比亞，這棟大樓由中國全額負擔（總工程費用約2億美元），於二〇一二年完工，即使在這種地方，中國也不忘記展現存在感。

非洲小常識⑨解答

問題1 **奈及利亞規模最大的企業集團參與的開發計劃規模有多大？**

③填海造陸創造出東京都千代田區大小的土地（約1000公頃）

問題2 **非洲第一條高速鐵路「奈洛比新幹線」從奈洛比到蒙巴沙之間的距離有多遠？**

③470公里（相當於東京到京都）

第10章

成功進軍非洲的4種方式

成功開拓非洲商機的訣竅

非洲小常識⑩

問題1 奈及利亞熱銷的「味之素」小包裝一包多少錢？

① 3至5日圓
② 10至20日圓
③ 40至50日圓

問題2 進軍非洲的日本企業有幾家？

① 150至250間
② 450至550間
③ 1000至1100間

發展全新的商業模式，進行實證

我想很多讀者已經察覺到，非洲大陸將來是多麼有商業潛力的一塊土地了，那麼接下來，企業該如何創造與非洲的連結呢？

首先，進軍非洲的方式可以分為四大類型。

第一，是將非洲視為獲得天然資源及第一級產業產品的地方。

非洲廣闊的大地有豐富天然資源及第一級產業產品，咖啡、紅茶、章魚、芝麻、鮪魚等食品，以及金子、鑽石、石油、稀金屬等眾多產品已經進口到日本，二〇一九年的年度進口金額約在８４００億日圓之譜，接下來應該還會繼續成長。

第二種方式，是將非洲視為有未來潛力的市場。

汽車及摩托車等消費性耐久財、食品或化妝品等非耐久財、健康照護或ＩＴ或新創服務、基礎建設等也都是深具潛力的領域。非洲是一塊專家推測最終會由13億人口成長至20至30億人口的大陸，雖然要花上一段時間，不過中期會是個備受期待的市場。此外，地熱發電等再生能源也很有潛力，肯亞在日本商業公司及製造商的努力下，建造了

進軍非洲的四大類型

①獲得天然資源的地方

為獲得資源而進軍非洲
（石油、天然氣、銅、鑽石、稀金屬、章魚、芝麻、鮪魚等）

②有未來潛力的市場

將非洲視為有未來潛力的市場進駐
（單獨進軍、與第三國合作、資本合作等）

③作為生產據點（亞洲型的拓展模式）

將非洲視為有廉價勞力的潛力據點
（設立新工廠、M&A）

④發掘新的商業模式與實證場所

應用於金融、醫療、物流、IT 等新創公司實驗的場所

出處：AAIC 根據經濟同友會的資料製作。

大型地熱發電廠，肯亞的電力供應有三成多都是倚靠地熱發電。

第三種方式，是將非洲當作生產據點，這種方式又可以稱為亞洲型的拓展模式，將非洲看成是繼亞洲之後下一個有潛力的生產據點。

以前的日本在一九八〇年代日幣急速飆升之後，就以這種模式將中國當作出口工廠到當地發展。不但一般的人事費用比較便宜，人口也多，雖然教育程度是個問題，不過我想這在非洲也會是個有效的拓展模式。如同先前所述，衣索比亞已經有眾多土耳其、中國、韓國的縫製工廠到當地設廠，漸漸成為了出口據點。

最後第四種方式，是將非洲當成挖掘新的商業模式與實證是否可行的地方。

非洲現在不斷產生新的商業，之前介紹的「M-PESA」就是其一，這在日本完全行不通，可是因為非洲既得利益者較少，因此可以進行更多不同的嘗試。

有趣的新創企業不會在受到規範及既得利益者限制的日本或已開發國家推出商用服務，而是從非洲開始。已開發國家的新創企業會同時在非洲提供商用服務。非洲在金融、醫療、無人機、MaaS等規範嚴格的產業，或是AI等需要大量實證資料的領域潛藏著極大的可能性。

此外，非洲有許多貧困階層。SDGs的第一項「消滅貧窮」正是非洲的核心課題，也是社會企業或是社會創新可以發揮的地方。

在這個領域可以不用從零白手起家，而是投資現有的新創企業。透過既有的基金投資、收集情報，或是直接投資也是個好方法。

在這四種到非洲拓展事業的模式中，現在最熱門的就是第四種。若以5年左右的中期目標來看，第二種也很有潛力，部分產業則是第三種方式令人期待。最近日本的大型商業公司及製造商也開始採用第四種方式，近年來，JETRO也推薦第四種。

從「鐘淵化學」和「味之素」的成功案例學習

在非洲拓展事業的約500間日本企業之中，除了汽車相關及大型商業公司，要說到最成功的企業，當屬先前介紹過的鐘淵化學。這是一間提供製作假髮的材料「鐘淵佳龍」（KANECARON®），在非洲擁有壓倒性市占率的公司。

企業整體的營業額為6015億日圓（二〇二〇年三月統計），以鐘淵化學工業之名創業，製造產品類型廣泛，有纖維、化學原料、食品、藥品、太陽能電池等，是間大型化學製造商。現有的營業項目超高導熱石墨片因應用於智慧型手機和汽車裝載而成長，合成纖維「鐘淵佳龍」（KANECARON®）則因適用於非洲的假髮而大獲成功。非洲、中東、近東的營業額占比雖然不到一成，但他們計劃之後將會拓展其比率。

而另一間我想介紹在非洲取得成功的企業，是味之素。他們的產品受到當地消費者的喜愛，即使是一般階層的人也都能夠接受，那樣商品就是與公司同名的「味之素」，尤其是在奈及利亞獲得莫大的成功。

如前幾章所述，西非是湯食文化，主要的料理是以山羊肉或綿羊肉加入蔬菜燉煮，味之素因為是胺基酸，加入燉菜之後會更好吃，而且也可以提升營養，此外，加入胺基酸燉煮可以讓堅韌的肉軟化。料理不但變得更好吃，也攝取到營養，肉也更軟嫩，這就是當地人喜愛的原因。

在東南亞也是這樣，他們會將味之素大把灑入鍋中，和日本人的使用方式完全不同，日本人是當作高湯底來使用。

味之素也將在東南亞成功的模式引進了奈及利亞，第一個做法是在當地的零售店（鄰里雜貨店）販售小包裝，這是直接複製印尼等在東南亞的銷售模式，以一包為單位販賣，一包5克裝大概3日圓。非洲有很多個人經營的鄰里雜貨店，這種小包裝就在這些地方販售。

金字塔頂端一至二成的的高所得者大多都是到現代化的超市購物，不過占了人口五至八成的中低所得者主要都是在這種鄰里雜貨店買東西，單價太高的商品他們負擔不起，為了降低單價，才會做成小包裝販賣。

在東南亞，嬌聯和大塚製藥也是靠小包裝取得成功，衛生棉也是以單片販售，而不像日本採一包24片銷售。他們將業務人員組織化，利用自行車隊或摩托車隊拜訪鄰里雜

日本中堅及中小企業進軍非洲的案例

TROMSO	專注在核心商業材料以達到降低價格的目標、在生態領域的收益踏實成長中收益化	將稻殼製作成固體燃料
中和機工	提供在地化後的日本開發並適用於各種環境及廢棄物處理的技術	垃圾焚化爐
LEQUIO POWER	商品在地化、低價化，且使用上不需要專屬工程師	超音波儀器
Saisan	投資當地合作夥伴，取得數位技術和通路	供給液化石油氣、智慧電表
BMC International	著眼於當地的稅收問題，將已開發國家的技術和產品引進未開發國家	稅收課徵系統
Poli-Glu	活用當地女性人才，建立商業模式	水質淨化劑
TOYOTOMI	提供友善環境的產品，以及活用當地合作夥伴進行 OEM 生產生產	綠能烹調器具
音羽電機	從 African Business Education. Initiative for Youth 中察覺需求，利用全球利基型（Global Niche Top）企業的技術解決問題	雷對策／避雷針
丸善製茶	以歐洲市場為目標，與合作夥伴企業（摩洛哥）合作	製茶工廠，出口到歐洲及中東
BE FORWARD	利用網路進行 B2C 販售，透過事先付款和一次付清的方式達到高回收率而取得成功	網路販賣二手車

出處：AICC 製作。

貨店，請對方陳列自家商品。

有業者會專門負責在收到訂單後送貨過去，然後回收商品費用。一坪的鄰里雜貨店會和三至五間業者合作，大概每週進貨兩次，而業者會趁這個時候回收商品費用。將這些中小盤商組織起來，進行物流與資金回收。不只是基本的調味料味之素，他們也販賣在地化的商品。

第二個做法則是以斷奶後的營養補給為宣傳。貧困地區的嬰兒大多數都有營養不良或成長失衡的問題，味之素因為是胺基酸，所以可以補充營養，用這種方式讓當地人從小就習慣這個味道。

味之素是在一九九一年到非洲拓展

商機，大約30年前，從在奈及利亞設立包裝工廠開始；二〇一一年進軍埃及；二〇一二年進軍象牙海岸，隔年包裝工廠開始運作；二〇一四年則在喀麥隆及肯亞開設分店。

接著二〇一六年，投資在非洲36國佈有販售網路的大型加工食品廠「Promasidor Holdings」，加強在非洲的生產據點與販售網路。

味之素與迦納政府、迦納大學及JICA共同推動「迦納營養改善計劃」，也在推廣國民健康改善事業，現在不只是單純貢獻營收的企業，也和聯合國及WHO合作，透過基金會，致力於改善社會問題。

除了這些大企業，前往非洲拓點的中堅及中小型企業也正在慢慢增加。我將代表性的企業整理成表格，在這些企業中已經出現非常成功的案例了，例如先前介紹過的「BE FORWARD」。

在盧安達開泰式餐廳大成功的單親媽媽

在我們的據點盧安達，有一位日本人開了一間生意非常好的店，好到甚至有人說是最成功的日系企業，那位日本人就是泰式料理店「亞洲廚房」的老闆唐渡千紗女士。

先前有稍微提到一些，她是盧安達堅果的執行長原田在瑞可利時代的後輩，當她成為單親媽媽時，曾和原田商量，於是才決定在盧安達開啟生意。

亞洲廚房

如前幾章所述，「在盧安達育兒比較輕鬆」，因為盧安達的幫傭薪水一個月才5000日圓（二〇一六年行情），而且不只是家事，也會幫忙接送小孩上下學，自己則可以全職工作。

生活費也很便宜，房租只要5萬至8萬日圓，就可以住在安全又很好的地點，食材費用很便宜，所以也可以壓低餐費。

於是帶著一個孩子來到吉佳利的唐渡女士，在考量各方面之後，開了盧安達第一間泰式料理餐廳。她先前完全沒有餐飲業的經驗，可是透過自學，自己製作食譜，一切從零開始。

畢竟是餐廳，需要雇用人手幫忙，而當地這種現代類型的餐廳數量極少，所以招募來的盧安達人都是第一次在餐廳工作，或者說，全都是第一次體驗到何謂餐廳的人。

所以他們也沒有客人一進門就要馬上去點菜的經驗，必須從這種小細節開始教起。廚房也很辛苦。交代員工「要做好餐前備料」，請他們先從切洋蔥開始，然後外出兩小時辦事再回來一看，只得到滿滿一座山一樣的洋蔥，員工還很認真告訴她：「全部都切好了，女士。」原來是整個兩小時，他們都只切洋蔥。因為「備料」對他們來說也是全新的經驗，所以一切都必須仔細說明從頭教起，非常辛苦。

計量和計時也都是第一次，秤和計時器都是初次使用，必須要從使用方式開始細心教起，否則他們會以目測的方式加材料和調味料。餐廳的運作就是從這些事情開始。

不過她擬定了信條（公司理念），每天都開朝會希望大家重視公司理念，教員工點餐的方式、教內場烹飪的方式，不久後，餐廳得到了好口碑。

餐點好吃、店員滿臉笑容地馬上來點餐、服務也很好、點完餐很快就出菜、結帳明細也清楚明瞭，這樣的餐廳在吉佳利很少見，所以不用多久時間，就成為生意很好的名店。我每次到盧安達，都一定會去她的店裡用餐。

當然她也遇到了很多困難，不過餐廳客人絡繹不絕，孩子也健康成長。

進一步內容可以參考網站「entre-africa」，或者是唐渡千紗女士的著作《到盧安達開泰式餐廳》（暫譯）（ルワンダでタイ料理屋をひらく），有興趣的讀者可以上網搜尋。

我們習以為常的事，並非理所當然

對已開發國家來說習以為常的事，在非洲卻完全沒有這樣的概念，例如餐廳，店員要笑臉迎人、餐點要盡快出餐等等，這些都獲得很大的支持。在非洲，我們覺得理所當然的事都不是那麼理所當然，所以才會有很多可以著力的地方。

我感覺到目前在非洲獲得成功的企業，都是從這樣的差異中誕生，要發現非洲真正的需求，將需求商品化／服務化，然後理所當然地去實踐已經習以為常的事。

還有，接下來必須培育幹部及管理人。認真為顧客點餐、在廚房埋首烹調，這些事只要教都學得會，可是如何用人、如何培育可以管理員工的人才並非易事，然而一旦不去做，生意就無法擴大。

日本最大的強項在於已經知道過去的成功案例，以及知道「習以為常」的水準在哪裡，換句話說，就是非洲即將發生日本一九六〇年代、七〇年代、八〇年代發生過的事，所以日本企業要打造一套可以確實實踐「習以為常」之事的流程，然後仔細教育員工。

另外就是我經常被問到「如何在非洲踏出第一步」。答案很簡單，首先是一定要到非洲親眼看看，看看那是什麼樣的地方、有什麼樣的人、過著什麼樣的生活、是什麼樣的社會、有什麼樣的店。

現在雖然因為新冠疫情行動受到限制，不過等到疫情平息後，我建議一定要去非洲旅行一趟，一開始可以從東非出發。肯亞、盧安達、坦尚尼亞，肯亞還可以獵遊，希望各位體驗看看什麼是舒服的「每天都是夏天的輕井澤」氣候。

其他也有很多旅行社舉辦的旅行團或讀書會，參加這些活動也很好。

如果是年輕人的話也可以選擇實習。我們的盧安達堅果公司或唐渡女士的亞洲廚房每年都有好幾位實習生來實習，大家都在體驗過非洲後回到日本，聽說都獲得了很大的刺激。

除此之外，日本也有眾多與非洲相關的講座或線上講座，也有提供非洲資訊的網站，從這裡開始接觸也是一種方式。

光是看過「entre-africa」網站上本書中介紹的企業及年輕人活躍的樣子，我相信就足以讓讀者興奮不已了，因為那裡有著尚不為人知的非洲風貌，我希望能夠讓更多的人愈來愈瞭解非洲。

非洲小常識⑩解答

問題1 **奈及利亞熱銷的「味之素」小包裝一包多少錢？**

①3至5日圓

問題2 **進軍非洲的日本企業有幾家？**

②450至550間

後記

從肯亞的奈洛比搭乘西斯納小飛機40分鐘，就會抵達降落目的地——一座遼闊國家公園中的機場，而附近有歐洲人經常來訪的獵遊度假村。

此處的海拔約1500公尺，如同東京的居民喜愛前往輕井澤，歐洲人則喜愛前往肯亞郊外的獵遊度假村。如果再走遠一點，就可抵達維多利亞湖。

雖然我有時候也會去，不過我最喜歡的，是一個名為馬賽馬拉（Maasai Mara）的地方。從位處高地的飯店看出去，眼前是一整片廣闊的疏林草原，草原上總是吹著令人心曠神怡的風。

早起的清晨，圍繞在舒服的風與森林香氣、鳥兒婉轉啾鳴聲中，享用早餐、喝杯咖啡，我總是欣喜於自己來到了一個多麼美妙的地方。因為實在太舒服了，我已不知前去拜訪了幾次，總之每一次去，心情都會很好，感覺好像充飽了能量。

不久後，我終於清楚明白心情為什麼會這麼好了，因為我們的祖先就來自於這裡。

據說人類的祖先是約三百萬年前生存於非洲的阿法南方古猿（Australopithecus

afarensis），而他們過去居住的地方正是東非一帶，那裡是我們遠古的故鄉。在那裡，我們從猿猴演變為無毛的人猿。

這就是我的心情為何如此清朗，簡直想要全身赤裸過日子了。

我邀請了很多人來到非洲，可以的話我都會帶他們到這個地方體驗一下。而來過這裡的大部分人，都會驚訝於自己情緒為什麼這麼高漲，他們說好像獲得了某種能量。

我們的體內深深刻下了祖先的DNA，所以本能地感受到這塊土地的舒適，本能地體會到我們來自這塊土地，我希望能夠儘可能讓更多人體會到這股感覺。

而和非洲人一起工作，讓我看見了他們高人一等的體能與續航力。有一位日本年輕人在迦納頂下一間當地的麵包店，自行製作麵包販售。我看過他在迦納製作麵包的影片，再一次體認到非洲人的厲害體能。

非洲並沒有像我們一樣的機械化工作環境，所以絕大多數都是靠手工作業的體力活，而非洲人可以在令人嘖嘖稱奇的長時間內埋頭苦幹。搬重物也是小事一樁，他們一臉稀鬆平常地不斷從事辛苦的勞動。

即使是盧安達堅果的農場，在挖掘種植苗木的土坑時，日本人挖一兩個就筋疲力盡了，但他們即使連續好幾個小時挖了無數的土坑，臉上也完全沒有疲憊的樣子，難道是非洲大地能夠恢復人們的精力？

每次到了非洲，五感都會變得清明，很多年輕人都說在非洲，身體就會充滿力量，這塊土地上有著其他地方所沒有的某種東西。

本書在製作過程中，受到了長年來的好友作家上阪徹先生的諸多幫忙，我想在這裡，表達對他的謝意。此外，對於協助進行各種分析的敝公司難波昇平先生、半田滋先生、石田宏樹先生、星野千秋小姐、一宮暢彥先生、小野澤理香小姐、鷲見良子小姐，還有帶領我到非洲的佐藤芳之先生，我只有滿滿的感謝之情。

最後，我想誠摯謝謝給予我結實的身體與能力的父母，以及無論在公事或家庭都給我莫大支持的妻子惠里子。

衷心希望大家能夠積極參與非洲這個成長市場。

二〇二一年四月　椿進

非洲如何影響世界

商業巨頭爭相搶進的 25 億人口商機——非洲最前線投資與事業報告

超加速経済アフリカ

作　　者　椿　進
譯　　者　林佩玟
執行編輯　顏妤安
行銷企劃　劉妍伶
封面設計　陳文德
版面構成　呂明蓁
發 行 人　王榮文
出版發行　遠流出版事業股份有限公司
地　　址　臺北市中山北路一段 11 號 13 樓
客服電話　02-2571-0297
傳　　真　02-2571-0197
郵　　撥　0189456-1
著作權顧問　蕭雄淋律師
2023 年 3 月 1 日 初版一刷
定　　價　新臺幣 399 元

ISBN　978-957-32-9953-0
遠流博識網 http://www.ylib.com E-mail: ylib@ylib.com
（如有缺頁或破損，請寄回更換）

國家圖書館出版品預行編目 (CIP) 資料

非洲如何影響世界：商業巨頭爭相搶進的 25 億人口商機——非洲最前線投資與事業報告 / 椿進著；林佩玟譯 . -- 初版 . -- 臺北市：遠流出版事業股份有限公司 , 2023.03 面；　公分 譯自：超加速経済アフリカ
ISBN　978-957-32-9953-0(平裝)
1.CST: 經濟發展　2.CST: 經濟情勢　3.CST: 非洲

552.6　　111021900